四特 教育系列丛书 SITEJIAOYUXILIECONGSHU

U0696058

春暖花开

《"四特"教育系列丛书》编委会　编著

吉林出版集团股份有限公司

全国百佳图书出版单位

图书在版编目 (CIP) 数据

春暖花开 /《"四特"教育系列丛书》编委会编著.
—长春：吉林出版集团股份有限公司，2012.4
（"四特"教育系列丛书 / 庄文中等主编.在故事中升华经典）

ISBN 978-7-5463-8669-0

I.①春… II.①四… III.①中小学教育－通俗读物
IV.① G63-49

中国版本图书馆 CIP 数据核字（2012）第 044134 号

春暖花开
CHUNNUAN HUAKAI

出 版 人	吴 强	
责任编辑	朱子玉 杨 帆	
开 本	690mm×960mm 1/16	
字 数	250 千字	
印 张	13	
版 次	2012 年 4 月第 1 版	
印 次	2023 年 2 月第 3 次印刷	
出 版	吉林出版集团股份有限公司	
发 行	吉林音像出版社有限责任公司	
地 址	长春市南关区福祉大路 5788 号	
电 话	0431-81629667	
印 刷	三河市燕春印务有限公司	

ISBN 978-7-5463-8669-0   定价：39.80 元

前　言

　　学校教育是个人一生中所受教育最重要组成部分,个人在学校里接受计划性的指导,系统地学习文化知识、社会规范、道德准则和价值观念。学校教育从某种意义上讲,决定着个人社会化的水平和性质,是个体社会化的重要基地。知识经济时代要求社会尊师重教,学校教育越来越受重视,在社会中起到举足轻重的作用。

　　"四特教育系列丛书"以"特定对象、特别对待、特殊方法、特例分析"为宗旨,立足学校教育与管理,理论结合实践,集多位教育界专家、学者以及一线校长、老师们的教育成果与经验于一体,围绕困扰学校、领导、教师、学生的教育难题,集思广益,多方借鉴,力求全面彻底解决。

　　本辑为"四特教育系列丛书"之《在故事中升华经典》。

　　这是一部写给老师的书,因为故事中蕴含着慈爱、和谐、人性的教育方式;这也是一部写给学生的书,因为故事中洒满老师们对学生的温暖、感动、爱意、执着、顽强与刚毅……

　　教育是一门科学,也是一门艺术,是塑造人心智的高超艺术。对于教育人人都有自己的看法,而这本书中的观点能给人以许多启示。本书还汇集了众多著名教育学家、知名教师的经典教育文论,共同领略著名专家学术研究风范,引领我们进入教改理论与实践前沿,分享最新研究成果,把握创新教学理念脉搏,感悟前瞻性的教学思想。

　　教育,润物无声,是一种智慧、一种境界、一种追求。教育的这种智慧,这种境界,这种追求,虽然无声无形,但却有踪迹可寻。在教育实践中,那一个个平凡却并不平淡的片段,或呈现出教师解决问题的教育智慧;或记录着教师走出困惑的教学经历;或展现出教师奉献爱心的热忱。回顾那一个又一个生动的教育实践,既是一个沉淀的过程,也是一个升华的过程。

　　本辑共20分册,具体内容如下:

　　1.《师生情难忘》

　　如果我们的人生有一段华美的乐章,那一定来自老师教给我们的7个音符!一天天,一年年,我们在校园里茁壮成长。从懵懂孩童到青春飞扬,然后进入社会大舞台搏击人生。老师谆谆教诲的深情,是我们前行的灯火,给我们温暖、力量和信念……本书选录了100篇发生在师生之间的真情故事。这些平凡而真切的故事,让我们感动,让我们沉思,让我们回忆,让我们心怀敬意和感激……

　　2.《记忆深处》

　　翩翩红叶,徐徐飘落,总不忘留给土地柔软与肥沃;涓涓泉水,潺潺流淌,总不忘带给岸边甘甜与欢歌。享受"师生"情,奉献真诚心!让我们把握这份情,让心灵浸润在肥沃的土壤,开出绚烂的花朵;让我们紧守这份爱,让生命谱写圣洁的乐曲,唱出青春的赞歌。

在坎坷的人生道路上,是谁为我们点燃了一盏最明亮的灯;在荆棘的人生旅途中,是谁甘做引路人为我们指明前进的方向……是您,老师,把雨露洒遍大地,把幼苗辛勤哺育!无论记忆多么久远,每当想起老师,依然激情难耐;每当面对熟悉的老师,那一瞬间,那一件小事……总是激起我们对老师久蓄于心的感激……

3.《成长足迹》

这是发生在校园里的平凡而又感人至深的师生故事。因为爱,所以在教育的天空下,才会发生这么多感人的故事,这些也是对教育生命的审问、感怀和确认。这是一部写给老师的书,因为故事中蕴含着慈爱、和谐、人性的教育方式;这也是一部写给学生的书,因为故事中洒满老师们对学生的温暖、感动、爱意、执着、顽强与刚毅……

4.《悸动的心灵》

追忆往事并不是轻而易举的事情,在漫长的教育生涯中发现自己最难忘的某一个瞬间,其实也就像重新获得一种生存的意义一样美妙。这些教育故事也许并不是教育的解决之道,但却是对教育生命的审问、感怀和确认。也许我们更应该在教育中活出自己,也许我们既活在未来更活在无限的过去,在这些纷繁复杂却又素朴平凡的场景中,有最乐意的付出,有泪水和智慧,更有日日夜夜用心抒写因而温润无比的爱。

5.《春暖花开》

教育是一门科学,更是一门艺术。执著并献身于教育,不仅需要大步向前,也需要回头反思。回顾那一个又一个生动的教育实践,既是一个沉淀的过程,也是一个升华的过程。走进本书,这里全是暖暖的爱。

6.《孩子的微笑》

教育,润物无声,是一种智慧、一种境界、一种追求。教育的这种智慧,这种境界,这种追求,虽然无声无形,但却有踪迹可寻。在教育实践中,那一个个平凡却并不平淡的片段,或呈现出教师解决问题的教育智慧;或记录着教师走出困惑的教学经历;或展现出教师奉献爱心的热忱。

7.《故事里的教育智慧》

本书主要关注家庭教育、学校教育及社会教育中家长与孩子、教师与孩子、孩子与孩子之间的故事,它的特色是小故事蕴含大道理。其宗旨是:讲述真实的教育故事,研究深切的教育问题,创生新锐的教育思想,激活精彩的教育行动。其风格是:直面真实,创新为本和故事体裁。

8.《难忘的教育经典故事》

根据家长、教师和孩子的困惑,用各种形式的教育故事讲述一些很明白的道理,引导人用智慧的手段促进人的成长。这些故事或来自国外的或来自一线教学的实践,对于教育类人群均具有启发性。一个个使教师深思的小故事,一个个让学生向善的小故事,让我们教师真正领会生命教育的内涵。从现在开始关注生命的成长,关注人类的发展,关注社会的进步。

9.《中国教育名家印记》

在人类文明的进程中,数不清的教育大家,手擎着大旗,浓书着历史,描绘着蓝图,才有了今日教育的巨大进步。他们站在教育的殿堂里,发出的宏音,留下的足印,历史永远都不应该忘记,也不会忘记。

本书编者放眼中国教育进程,遴选出对教育产生重大影响的国内近百位教育名家,对其生平、教育思想、学术成果等进行介绍评说。

10.《外国教育名家小传》

在人类文明的进程中,数不清的教育大家,手擎着大旗,浓书着历史,描绘着蓝图,才有了今日教育的巨大进步。他们站在教育的殿堂里,发出的宏音,留下的足印,历史永远都不应该忘记,也不会忘记。

本书编者放眼人类教育进程,遴选出对教育产生重大影响的近百位世界教育名家,对其生平、教育思想、学术成果等进行介绍评说。

11.《随手写教育》

什么是良好的教育?教育是诗性的事业?性教育何去何从?是否应该把儿童世界还给儿童?假设陈景润晚生40年……本书汇聚了中国最佳教育随笔,对于和教育相关的各个方面问题都有所畅谈,对于教育者和被教育者来说都有所裨益。

12.《我心思教育》

本书涉及到了教育学众多的重要领域和主题,包括教育的真义、教育的价值、教育与社会、教育与生活、课程与教学、道德教育、师生关系、教师的学习与成长等等。它力图用感性的文字表达理性的思考,用诗意的语言描绘多彩的教育世界,以真挚的情感讴歌人类之爱,以满腔的热情高扬教育的理想与信念。

13.《教育新思维》

本书站在教育思想的前沿,以既解放思想又科学审慎的态度,兼用独特的视角,论述了近年的教育理论新说,涉及"教育呼唤'以人为本'"、"公民教育"、"素质教育新解读"、"教育公平与政府责任"、"创新人才培养"、"文化传承与创新"、"教育家办学"等热门话题。这些文章,不避偏,不畏难,遵循教育发展规律和中小学生身心发展规律,引领教育理念和教育实践,反思教育行为误区,无不闪烁着思想和智慧的光芒。对于渴望提升自身理论素养的教育工作者来说,这本书值得一读。

14.《名家名师谈教育》

本书使读者在学习和掌握教育理论的同时,领略到文章的理趣、情趣和文趣,既有助于深厚教师的文化底蕴,又有助于帮助广大教师确立对于教育的理想与信念;既有助于培养和激发广大实践工作者的理论兴趣,又能帮助教师生成教育的智慧和提升广大读者对于生活的热爱与柔情。

15.《世界眼光看教育》

本书荟萃了多位世界级教育思想巨擘的主要思想。从皮亚杰的发生认识论、维果茨基的文化—历史理论、布鲁纳的结构主义,加德纳的多元智能一直到诺丁斯的关怀教育思想等等,现当代世界教育思想的发展脉络清晰、准确而完整。

本书既有思想评介,又有论著摘录,无论教育研究人员还是一线教育工作者,均可非常便捷而精准地从中获得思想大师们的生动启迪,加深对当代教育发展特质的深切理解,是教育、教研、教学工作者不可多得的必备工具书。

16.《大师眼中的教育》

这不是一本以教育专家的身份、眼光、学养来谈教育的书。本书各篇文章提供了许多新史实、新观点,为我国教育史和教育理论工作者长期以来对某些历史人物评价的思维定势提供了新的清醒剂。

17.《教育箴言》

名人名言是前入留给我们的精神财富和智慧结晶。阅读它,不仅能丰富知识,陶冶情操,更能为我们的人生之路指引方向。该书着重论述三方面的内容:教育——造福人类的千秋伟业;教师——人类灵魂工程师、育人的典范;师德——塑造教师灵魂的法宝。

18.《百家教育讲坛》

这是一本兼具思想性、可读性和经典价值的教育智慧读本。书中介绍了孔子、卢梭、爱因斯坦、康德、梁启超、杜威、蔡元培、叶圣陶等几十位古今中外思想家、科学家、教育家关于教育的精彩论述,集中回答了教育的本质、教学的艺术、知识之美、教师的职业生活、儿童的成长等问题。探幽析微,居高声远,让我们直窥教育本原之堂奥。归真返璞,正本清源,你会发现,教育,原来可以如此朴素而美好。

19.《名师真经》

本书从专家心理学研究出发,以新教师到专家教师这一成长过程为线索,剖析了教师在专业化发展中出现的主要问题与阶段性特征,动态性是展现了教师成长的内在原因与实质,并有针对性地提出了促进新教师成为专家教师的系列化教学理念、观点与方法,这有助于教育研究者与实践工作者深入理解教师专业发展的规律,有利于在观念层面上树立科学的教师人才观,以制定行之有效的教师培养方法与措施。

20.《师道尊严》

本书意在激励教师以站着的方式获得成功。全书讲述了站着成长的精神、站着成长的思想、站着成长的基础、站着成长的学问和站着成长的行动。全书力求字字诉说教师成长之心声,篇篇探寻教师优秀之根本,章章开启教师幸福之道路。

由于时间、经验的关系,本书在编写等方面,必定存在不足和错误之处,衷心希望各界读者、一线教师及教育界人士批评指正。

编者

春暖花开

目 录
CONTENTS

第一章 春天里的感悟 ……………………………………… （1）

长大了想当新娘子 ……………………………………… （2）

教室里没有发生的事 …………………………………… （4）

这节课我们谈"爱情" …………………………………… （6）

孩子的"爱情" …………………………………………… （8）

交往过密 ………………………………………………… （10）

手背上的月牙儿 ………………………………………… （13）

说出来你会舒服点 ……………………………………… （16）

宽容是生命的一种香味 ………………………………… （18）

少了钱谁也不干 ………………………………………… （21）

一次的教训够了 ………………………………………… （23）

一双新鞋 ………………………………………………… （25）

鞋子的故事 ……………………………………………… （27）

亮光·心灵 ……………………………………………… （29）

永远的愧疚 ……………………………………………… （31）

桥 ………………………………………………………… （33）

只为分数活着是可悲的 ………………………………… （36）

孩子,我还能说些什么 ┈┈┈┈┈┈┈┈┈┈┈┈┈ (38)

永不轻言放弃 ┈┈┈┈┈┈┈┈┈┈┈┈┈┈┈┈ (40)

孩子,是你教会我思索 ┈┈┈┈┈┈┈┈┈┈┈ (42)

这一晚我彻夜难眠 ┈┈┈┈┈┈┈┈┈┈┈┈┈ (45)

偿还心债 ┈┈┈┈┈┈┈┈┈┈┈┈┈┈┈┈┈┈ (48)

无法弥补的心灵亏缺 ┈┈┈┈┈┈┈┈┈┈┈┈ (51)

无辜的孩子 ┈┈┈┈┈┈┈┈┈┈┈┈┈┈┈┈ (54)

花朵的叹息 ┈┈┈┈┈┈┈┈┈┈┈┈┈┈┈┈ (56)

孩子,我欠你们太多 ┈┈┈┈┈┈┈┈┈┈┈┈ (58)

孩子,面对你们,我想了很多很多 ┈┈┈┈ (61)

我是真诚的 ┈┈┈┈┈┈┈┈┈┈┈┈┈┈┈┈ (66)

孩子,你在害怕什么 ┈┈┈┈┈┈┈┈┈┈┈┈ (69)

老师,上一节音乐课吧 ┈┈┈┈┈┈┈┈┈┈┈ (71)

孩子,请你回来吧! ┈┈┈┈┈┈┈┈┈┈┈┈┈ (73)

我是"虫虫"班主任 ┈┈┈┈┈┈┈┈┈┈┈┈┈ (76)

难忘的一课 ┈┈┈┈┈┈┈┈┈┈┈┈┈┈┈┈ (78)

春天里的感悟 ┈┈┈┈┈┈┈┈┈┈┈┈┈┈┈┈ (80)

都是香皂惹的"祸" ┈┈┈┈┈┈┈┈┈┈┈┈┈ (82)

一封未发出去的"控告"信 ┈┈┈┈┈┈┈┈┈ (84)

直面童稚 ┈┈┈┈┈┈┈┈┈┈┈┈┈┈┈┈┈┈ (87)

第二章　老师的微笑 ┈┈┈┈┈┈┈┈┈┈┈┈ (91)

老师,你的苹果还没有给我 ┈┈┈┈┈┈┈┈ (92)

诊治"星期一恐惧病" ┈┈┈┈┈┈┈┈┈┈┈┈ (94)

我和"郭大侠" ┈┈┈┈┈┈┈┈┈┈┈┈┈┈┈ (98)

她吐了…… ┈┈┈┈┈┈┈┈┈┈┈┈┈┈┈┈ (100)

请沉默五分钟吧 ┈┈┈┈┈┈┈┈┈┈┈┈┈┈ (102)

走进学生的心田 ┈┈┈┈┈┈┈┈┈┈┈┈┈┈ (104)

没有赏识,就没有教育 …………………………………… (107)

为我立"墓碑"的孩子 ……………………………………… (110)

我罚自己值日一天 ………………………………………… (112)

特别的爱给特别的孩子 …………………………………… (114)

窗外 ………………………………………………………… (116)

宽容 ………………………………………………………… (118)

宽容的力量 ………………………………………………… (120)

爱在心灵信箱中 …………………………………………… (122)

为你点亮心中的灯 ………………………………………… (125)

那年秋天,桂子飘香 ……………………………………… (128)

你有凉茶吗? ……………………………………………… (130)

星愿 ………………………………………………………… (132)

石头的故事 ………………………………………………… (135)

老师的微笑 ………………………………………………… (138)

感谢 ………………………………………………………… (139)

那些值得尊敬的老师们 …………………………………… (141)

一张特殊奖状引起的思考 ………………………………… (146)

走出童年的噩梦 …………………………………………… (149)

木棉花开 …………………………………………………… (151)

百合 ………………………………………………………… (155)

感谢学生 …………………………………………………… (157)

为学生打开一扇窗 ………………………………………… (159)

"欢迎谢老师" ……………………………………………… (162)

乡愁是一种紧张 …………………………………………… (165)

伞桥 ………………………………………………………… (168)

追求 ………………………………………………………… (170)

惩罚,是一则寓言 ………………………………………… (173)

因为改变,让学生更加喜欢你 ……………………………（178）

一件往事 ……………………………………………………（180）

因为爱,而感觉自己的美丽 …………………………………（182）

小建的困惑 …………………………………………………（184）

老师,课堂上请慎言 ………………………………………（186）

拒绝比较 ……………………………………………………（188）

真实的同情 …………………………………………………（190）

别让批评成为我们的口头禅 ………………………………（193）

孔丘老师的课改汇报课 ……………………………………（195）

第一章

春天里的感悟

长大了想当新娘子

◇ 唐佩兰

我曾住过的那个小村庄，用"穷乡僻壤"来形容它的过去是再恰当不过了。村里的学校仅有三间茅屋，最大的一间是幼儿园，两间小的则分别就读着一、二年级的小学生。学生到了三年级，就得翻过一座小山到乡里"继续深造"。

村里一、二年级的老师都是村长从外乡请来的代课老师。在我记忆中，老师们像走马灯似的来了又去，大都没有留下什么印象。只有教我二年级的那位美丽的女教师，就像一弯温馨的月牙儿，时常出现在我的梦境里。

那是一个清朗的夏日，老师像往常一样面带微笑地走进教室，不一样的是在黑板上写下了几个大字："长大了想干什么？"同学们顿时像炸了锅似的大声嚷嚷，使劲地把小手举得高高的。老师一个个地问，同学们一个挨一个地回答：科学家、老师、医生、解放军……每个同学回答后，老师都会给他一句鼓励的话。轮到我了，我激动地大声说："老师，我长大了想当新娘子。"同学们都哈哈大笑起来，我一下子愣在那里。新娘子在小小的我的心目中是美丽、圣洁的化身，我不知道想当新娘子有什么错，只好委屈地站着。老师一下子看出了我的心思，笑着对我大声说："老师希望你长大了当一位美丽的新娘子。"接着带头鼓掌，同学们也跟着鼓起掌来，我就在掌声中洋洋自得地坐下了。

过了些日子，新来的老师告诉我们，女老师出嫁了，不能再来给我们上课了。那些天，我的梦里都是女老师成了美丽新娘子的影子……我是多么羡慕和向往她！而且一回想起她对我说过的话，甜蜜就涌上心头，仿佛我也变成了一个美丽的新娘了。

　　后来，我长大了，一想起这件事，我就懊恼。一想老师那句话，我就脸红了，觉得自己真丢人，太没出息了，可是心里仍然对她充满了感激之情。

　　再后来，我也成了一名美丽的女老师，才知道那句话是这么美。它倾注了一位老师对一个无邪孩子博大的爱，维护了一个无知孩子可贵的自尊。

　　所以，当我第一次走上讲台，面对那些八九岁的孩子时，美丽女老师的形象就浮现在我眼前。第一次上班会课时，我就迫不及待地在黑板上写下"长大了想干什么？"孩子们的回答已经跟我小时候的情况有所不同了。但我仍像我的老师一样，送给每位学生一句鼓励的话。在热烈的气氛中，孩子们的眼神散发着纯真的光彩……我的心被深深地感动了。虽然再没有孩子回答"长大了想当新娘子"。但是，也许会有那么一天，一个长大了的孩子在某个不经意的时候，突然想起了一个美丽女教师对他说过的一句话："老师希望你长大了饲养许多你喜欢的小白兔。"他一定会莞尔一笑，心中溢满了温暖和感动……

教室里没有发生的事

◇ 陈金铭

中午，几个女同学找我"告状"："老师，咱们班最近有几个男生变态"。旁边刘同学补充说："文飞和他的同桌月成亲脸玩"！"啊？"我怀疑自己是不是听错了，原来，班里四五个男生亲脸玩这个现象已经有两三天了——下课后，他们几个追逐时以亲脸玩为乐。

晚上，偶然读到张晓风的一篇短文，题目叫《海滩上没有发生的事》，不由得眼前一亮。故事大意是这样的：大热天，校长把学生带到海边玩，小孩都乐疯了，玩得非常尽兴。上岸以后，发生了一件让校长目瞪口呆的事——一、二年级的小女孩上得岸来，觉得衣服湿了不舒服，便当众把衣服脱了，在那里拧起水来。教育家的直觉阻止了校长想冲上前喝止的冲动。他发现四下里其实没有人大惊小怪。高年级同学没有投来异样的目光，傻傻的小男生更不知道他们的女同学不够淑女，海滩上一片天真欢乐的景象。小女孩们做的事不曾骚扰任何人，她们很快拧干了衣服，重新穿上——像船过水无痕。

我们不难想象：假如校长呵斥了，事情会发生怎样的变化——小女孩会永远记得自己当众丢了丑；而大孩子很可能学会了鄙视别人的"无知"，并为自己的"有知"而沾沾自喜。文章的最后，作者感慨地说："许多事，如果没有那些神经质的家伙大叫'不得了啦！''问题可严重啦！'原本也可以不成其为问题的。"

第二天，我在班上就像忘了有这么一回事，连提也没提。但我看出参与的几个男生已经知道我晓得这件事了——他们几个低着头，偶尔瞟我的目光分明是"偷偷地"。我想：孩子们，但愿你们心里不要有过重的负担，老师是希望你们忘却这件事啊。我甚至有点希望他们来找我，那我就以朋友的身份

跟他们坐下来聊一聊"少年"这个成长的话题。最后，或许是害羞，或许是
胆怯，或许是因为其他原因，他们并没有来找我。当然，我也没有找他们
——也许让这件事随风而去，在孩子的脑海里不留下任何痕迹是更好的结局
——相对于很多教师自负"高明"地把学生这样做的前因后果剖析清楚的做
法，我宁愿选择"永远的忘却"。

船过水虽然无痕，终究还是有细小波纹的。第二天，他们几个在日记里
写了这件事，有感激老师没有追究的，有反思自己一时好奇而不考虑后果的。
文飞的日记是这样写的："老师，开始的时候，他们几个总是欺负我，我打不
过他们，实在逼急了就亲了他们的脸，他们害羞以后就不敢再欺负我了。再
后来，大家觉得好玩，就都互相亲脸玩，其实我们没有什么，我们不是同性
恋。"读到这里，我心里一惊，看来这件事已经在班里有了舆论所指，并且给
文飞带来了内心的逼仄、恐慌。我沉思良久，在他的日记上写了下面一段话：

首先，老师相信你和你的玩伴都是正常的男孩子——永远都相信。
其次，老师认为这件事没有什么可大惊小怪的，要是在有这样礼节的外
国，这样的举动是很正常的。就是在我们这个以含蓄为美的国度，你们
这样做，也仅仅是一个闹着玩儿的游戏罢了。

现在，事情已经过去了，孩子们早已经忘记了曾经发生过的事——窗外
文飞和小伙伴们正玩"老鹰捉小鸡"的游戏，活泼的阳光打在他的大脑门上，
晃着一头的汗。

这节课我们谈"爱情"

◇ 吴晓军

一如既往，课前我让孩子背诵唐诗。我想：老是摇头晃脑地沉溺于李白、杜甫……中，倒不如换换口味。

前两天，在《语文学习》杂志上看到"上海新编初中语文教材直面爱情"这样的报道，我认真地解读了一番，这真是"语文革命"中的首创，开了语文教材编写的先河，弥补了这一领域内的空白。由此我想到：哪天，"爱情"也走进了我的课堂——小学二年级语文课堂。

语文课前，我走到教室门口，琅琅的唐诗朗读声，声声入耳。我走上讲台，示意他们停止朗读，然后在黑板上写下了"面朝大海，春暖花开"这几个字。这是我钟爱的一首诗，诗歌表达了诗人海子对人生的追求与向往，每逢读这首诗时，我总会在清灵的启悟中流连忘返。今天我想教这群还不到十岁的孩子读这首诗，让他们先触摸诗中的语言，我只读不讲，因为他们还太小，没有丰富的生活阅历，无法体会诗人的内心世界。若干年后，他们一定能通过语言体验感情，哪怕无法体验，至少能在同伴面前骄傲地说："这首诗我读小学二年级时就会背了。"这就够了。

"从明天起，做一个幸福的人，喂马，劈柴，周游世界……"孩子们读得饶有兴趣，诗歌语言朴实，文字浅显，几个孩子还能在读了两三遍后说出他们从诗中知道了些什么。"海子希望过上幸福的生活"，"海子喜欢写信，不喜欢打电话、上网聊天"……听了这些"高见"，我不禁在心底发笑，海子生前一贫如洗，哪谈得上有现代化的通讯装备。当然，孩子们只能从自己的现实生活实际出发去解读诗歌，也难怪，毕竟这只是课前三分钟的朗读，我想先这样草草收场，这星期每节语文课的课前三分钟再多读几遍，就能水到渠成，熟读成诵了。

这时，班里的"智多星"伟标同学站起来说："老师，我还知道'愿有

情人终成眷属'这句话的意思，就是说两个人有了爱情，要结婚……"他的话还没说完，教室里就像炸开了锅，学生们笑得东倒西歪，是嘲笑，傻笑，还是害羞的笑？坐在前排的楚楚站起来反问他："你怎么这么不害臊？小小年纪就讲结婚？"容慈也站起来说："现在我们不应该讲'结婚'，我妈妈说小孩子不能说这些东西。"我听了这两个小女孩的话差点晕倒，为什么这个被人类看作永恒神圣的主题在这些小孩眼里变成"禁语"，变成"东西"了？哎，这都不能怪孩子，我们的社会对这些"东西"太禁锢了，我们的家庭教育太保守了。我又在黑板上写下了两个大大的字，"同学们，这节课，我们就讲'结婚'。"孩子们一愣，教室里一片安静。我又说："结婚就是两个相爱的人生活在一起，就像你们的爸爸和妈妈，结婚了，就有了你，人类的生命就是通过结婚得以延续。"一旁的铠杰同学接过话题说："那我以后要和我妈妈结婚。"我忙解释："两个没有血缘关系的人才能结婚，也就是说结婚的对象不能是你的亲戚，你们俩有许多想说的话，彼此喜欢，产生爱情，那样才能结婚。"一石激起千层浪，孩子们议论开了，他们第一次触摸这样一个话题，他们感觉多么新鲜，他们的"稚嫩理解"慢慢走向"科学明理"……

这时，容慈又站起来打断我的话，她说："老师，就像我们家，爸爸生病了，妈妈照顾他，妈妈生病了，爸爸照顾她。这就是结婚。"我连连点头，孩子们明白了人世间最美好的、不是"东西"的东西。接着，我又向孩子们讲了几个简单的爱情故事，我讲了《红楼梦》，讲了《简·爱》，他们那专注的神态，不亚于平常听我讲童话故事的认真劲儿。在课堂的结尾，我说："人世间，没有爱情，没有婚姻，那地球上的人类早就灭亡了。当然，我们现在的主要任务是学习本领，为能拥有一个幸福的家而努力吧！"当我说完这句话时，我问自己，现实的人生又何尝不是这样？也许我的话太深奥了，他们无法理解，但若干年后，无论他们走到哪个城市，寻找到什么样的伴侣，那时，回想起这句话，应该是意味犹深的。

卢梭曾经说过："真诚的爱情结合是结合中最纯洁的。"如今，这份纯洁的感情走进了上海市初中语文课本，我是如此惊喜！现在偶像剧、言情小说铺天盖地，与其让它们告诉懵懂的初中生什么是爱情，还不如用那些谈论爱情的名篇佳作告诉他们，文中那些精辟隽永的爱情观是他们最好的老师。作为语文老师的我选定了下周课前朗读的篇目——爱情诗《谷子成熟了》（裴多菲的名作）。

孩子的"爱情"

◇ 吴丽珍

再过一个多月就是小学毕业考试了。我意外地了解到学生小涛借助"情书"公然对五年级的一对双胞胎姐妹示"爱"。虽然小涛的成绩明显下滑，但班上却有不少同学把他当作"英雄"。一场孩子式的爱情悄然拉开了帷幕。

这真让我感到震惊。但如何引导他们呢？我想起了不久前从《读者》杂志上看到的一篇名为《德国孩子的"爱情"》的文章。故事大致是这样的：一个9岁的中国小女孩到一所德国小学读书，不到一学期，一个德国男孩宣称爱上了她。小女孩自是十分愤怒。可小男孩却坦然地找尽一切机会来对她表示亲密。有一天小女孩生病了，请了假没去上学，德国小男孩居然大哭，说是没有这个中国女孩，他就不能继续上课，他要回家。老师既没批评也未阻拦他。到了家，他哭着对母亲说，他要和一个中国女孩子结婚。孩子的母亲说，那很好啊。但是结婚要有礼服、婚纱、戒指，还要有自己的房子、花园，这要花很多很多的钱。可是你现在什么也没有，连玩具都是妈妈给你买的。你要和这位可爱的中国女孩子结婚，从现在起，就得努力学习，将来才有希望得到这一切。那男孩居然擦干了眼泪，从此就十分用功起来。

对于性，中西方的看法是迥然各异的，德国妈妈的做法是否可以采纳呢？我思虑再三，决定试一试。

这天放学后，我把小涛带到我的房间。他显得有些莫名其妙："老师，找我什么事？"我决定单刀直入，便柔和地问："听说你喜欢××、××同学是吗？"他略显得有些吃惊，不好意思地低下了头，不作声。

"你为什么喜欢她们呢？"我轻声询问着，尽量不让他产生抵触情绪。

"不知道。"声音细如蚊鸣。

"她们喜欢你吗？"

"不喜欢。"

"为什么呢？"

"不知道。"他稍稍抬了抬头，用充满疑惑的眼神注视着我。

"刚才老师问你的两个'为什么'，老师知道答案。"我故意顿了顿，他更加疑惑了，我轻轻地拍了拍他的肩膀，严肃而真诚地对他说："那两位女同学不仅长得美丽、可爱，而且热爱学习、成绩优异，不要说你喜欢她俩，其他同学和老师也一样喜欢她们，她俩为什么不喜欢你呢？你家庭情况较好，爸爸给你的零用钱较多，可这些并不是你的优点啊。作为学生，主要的任务就是努力学习，你做到了吗？除了学习，你的一切都是爸妈给的，不是自己挣的，当然也就不值得骄傲了。你如果想让她们喜欢你，应改变自己的学习态度，努力学习，争取将来成为一个有才能的人。"

他显得还有些疑惑，又像在思考我刚刚说过的话。

之后，我特地选了个时间，在班上让全体同学都来说"爱"。通过努力，我让孩子们心中模糊的所谓的"爱"，扩大化、具体化，变为善于变化的兄弟姐妹间、同学间、长辈间、成人与孩子间的"喜欢"。

我欣喜地看到，小涛的学习热情回升了。一场"爱情"风波结束了，我长吁了一口气，真感谢那位德国母亲及把故事写出的作者、刊出的编者。德国孩子及中国孩子的"爱情"故事让我意识到不能一味地压抑孩子的爱，应用恰当的方式进行引导，使我们惧怕的"爱"成为一种动力。忽然间，我的脑海中浮现出这么一句话：错不在孩子，而在于我们的教育。作为一名教师，有责任、有义务不让自己的教育犯错误。

交往过密

◇ 林航海

Y：

我喜欢你！

第一次看到你，我就会被你那迷人的眼睛"电"到，你是我心目中的"白马王子"！

J

×月×日

这是我深夜造访，J的爸妈出示的一张短笺。可以想象J的爸妈此时必定心急如焚。试想，女儿刚五年级便会写"情书"了，做父母的能不急吗？难怪我并无恶意地调侃他们有"早恋"的DNA，J便是直接受益者。

"情书"是这样被发现的：那天傍晚，Y的妈妈跟往常一样，下班后就打开家中的信箱，发现了一张未加任何包装的短笺……她便连夜来找我，并把短笺交由我处理。

我无法判断Y的妈妈是否侵犯了儿子的"隐私"权。说她没有，但是信的小主人肯定不想让"第三者"欣赏本应属于自己的信笺，说她有，可是短笺并未"加密"，连起码的信封也没有，真是"童言无忌"。

与J的父母促膝长谈至夜深人静，我们谈得最多的是：如今的孩子，到底在想些什么？

不过挺好，J的爸妈很开明，他们和我很快就此事达成共识：这是孩子青春期的心理问题，不是思想品德问题，不能视为"洪水猛兽"。这样的家长，

我能不放心吗？

J的爸妈也做了自我检讨：他们忙于工作，经常下乡、加班，对女儿学习、生活等关心太少，导致和孩子的沟通越来越少。

几天的"顺藤摸瓜"，我多了些了解：J和Y都是校足球队队员，校男女足球队常在一起训练。加上两位是邻居，Y经常借书给J，日子久了，两人交往越来越频繁，于是有了"鸿雁传书"。

据我所知，Y的父母离异，他和妈妈生活在一起，虽然有个后爸，但对他关心甚少。Y的妈妈是公司职员，经常上夜班，对他也是无暇顾及。

我也进行了自我反省：在学生数近六十人的集体中，难道没有被我遗忘的角落。

思考再三，我决定暂且把与J的谈话推后些。因为有更重要的事得先做——

适逢班级出版"庆祝元旦"的墙报，我暗授机宜，要宣传委员W与J合作，共同出好墙报（J有绘画专长，书画作品曾获全国大奖）。J非常乐意，连续几天都全身心地参与墙报的设计，所设计的墙报也受到大家的好评。我因此在班级中表扬了她。

J的妈妈来电话，说J这几天回家时总是神采飞扬，向他们讲述帮助班级设计墙报的事，一改往日的郁郁寡欢……

J的转变如此之快，是我始料不及的。看来，我眼下要做的，不是和J大谈特谈那张短笺的事，而是帮她找回自我！于是，我又推荐她参加学校的文艺队，并建议J的父母多花些时间陪她。

Y与J不同，因为他是个男孩，大大咧咧的，因此我选择了与他开诚布公的面谈。那天下午放学，我约Y在办公室会面，主要是和他聊聊家中的近况。然后，我装作无意中提及那张短笺，Y显然早就清楚与J的交往不再是秘密，脸红红的，低垂着头。我心平气和地说："你与J的交往很密切，因为你们是邻居，又都喜欢读书。这很好，互相学习嘛！但千万别因为其他事影响了学习……老师对你还是很有信心的。"说完，我友好地拍拍他的肩，补充了一句："可别让老师失望呀！"Y万万没想到我会这样处理这件事，显得很激动，连声说："老师，我一定好好学习，不再胡思乱想……"

接下来的几单元质量检查，Y表现突出，连续都得"优"，期末也取得了

优异的成绩，我很高兴，在班上热情洋溢地表扬了他，还对他进行了奖励。

现在的 J 和 Y 一改前一段时间的沉闷，变得活跃，变得上进，这正是我所期待的！

春节前，我收到了一张精美的贺卡，上面写满了祝福，署名是"J"。正月初一的早上，Y 打来了电话，向我拜年。这两份特殊的礼物，着实让我感动不已，因为它们太不寻常了！

我一直很欣赏北京一些教师对学生"早恋"的新解：他们提出不是"早恋"而是"来往过密"的新观点。男女学生的来往，哪怕是"过密"，这都是青春期的反映，是学生成长的标志，不应视为"早恋"。

的确，我们应该更多地关注孩子的成长，特别是孩子青春期言行中存在的问题，宁可说得轻一些，也不要言重了，宁可理智地"导"，也不要盲目地"堵"，以避免导致学生的逆反心理。

手背上的月牙儿

◇ **童和英**

这节没课，正好可以写点东西。

展纸举笔，邮递员送来一封信。

习惯先看看地址栏，"内详"二字增添了一份神秘。拆开，跳入眼帘的是一只憨态可掬的小狗。亲切的图案，熟悉的笔迹，这是我自己五年前写的。这回返的鸿雁，一下子把我的思绪拽回到十年前——

那年，我接一个四年级新班。注册时，原班主任特别善意地提醒我："班上那个叫强子的学生，父亲嗜酒好赌，脾气暴躁。平时对儿子不闻不问，气急时一顿猛打。母亲改嫁他乡。孩子养成了粗鲁、泼野的性格，闹事、称霸，打起架来，拳脚并用，很有几分难管。今后，你要多当心他。"我点点头谢过了她的关照。

第二天，我刚跨入校门，就有同学边喊边向我奔来："老师，快，快点到班上，打起来啦！"我匆忙支好自行车跑到班上，只见强子与同学滚作一团。我大声让他们起来，他们不听，我用力把他们拉开，不行。拉开，一放手，他们又扭成一团。几次三番，累得我气喘吁吁。怎么这样？山里孩子简直犟得像牛。真恼火，我强行用力一拨，强子一趔趄，立马站稳了，他张开口"啊"地一声尖叫，又扑了过来。我情急，忙用手一挡，"哎哟"，我的手被狠狠地咬了一口。看着我手背上渗出的鲜血，同学们吓呆了，强子总算定住了。

我忍着钻心的疼，把强子带进了办公室。他抬着头面我而立，双拳握牢，紧绷着通红的脸，胸脯因情绪激动而一起一伏，嘴里呼呼地喘着粗气。

"看你能把我怎么样？"

"应该如何处理?"

我们双目对峙着,足足有五分钟。

我深深地吸了一口气,努力使自己镇静下来。我从药箱里拿出棉花和红药水,递到强子的手上,让他给我上药。

强子低下了头,笨手笨脚但极轻地给我抹红药水。一下、两下、三下、慢慢地,他的呼吸均匀了许多。我小声地说:"怎么可以咬人呢?难道你是小狗儿吗"?他默默无言。抹着抹着,他的眼泪大滴大滴地滚落下来,掉在我的手背上,溅染了红药水。于是,一朵朵红红的花儿在我的手背上神奇地盛开了。之后,我的手背上就有了一个弯弯的月牙儿。

因了这一咬,我和强子倒成了无话不谈的知心朋友。

小学毕业那年的暑期,强子的父亲酗酒出了车祸,他随年迈的爷爷投奔了远方的叔叔。从他不时的来信中,我知道他一天天长大成熟。

升入高中不久,他给我来了一封信,字里行间洒满苦闷、无奈、着急和消沉。我十分担忧,趁夜把殷殷期望拜托给了绿衣使者。没想到,就此强子杳无音讯,我隐隐感觉他一定出了什么事。

一年,两年,三年,都没有强子的消息,心中的那份牵挂就像手背上的月牙总也无法消除。

现在好了,悬着的心终于有了着落。我迫不及待地翻动着手中的那叠纸——

老师:

您好吗?您的手还疼吗?那手背上的月牙儿还在吗?

记忆中,找不到妈妈的影子,而爸爸,除了喝酒、赌博,就是打我。每次父亲在我身上"练功",我都不流一滴泪,只在心中对自己说:"多多吃饭,快快长大!记着要把这每一下痛全都讨回来。"可是,没等我长大,他却死了。

感谢上苍,让我遇上了您。那一声轻轻的"狗儿",犹如妈妈对我的呼唤。那一朵朵"红花",好像雪莲绽放在冰山。

在您的呵护下,我顺利地读完小学、初中。升入高中不久,爷爷去世,叔叔的公司倒闭,我带上您的最后一封信离开了校门。经邻居介绍去了大山

里的工棚看守旧料，与我同去的还有一编织袋的课本。我暗暗发誓：一定要考上大学，做个跨世纪人才！

非常糟糕，半月后的一天夜里，我看书疲倦睡着后，蜡烛引燃稻草，把工棚烧了个精光。死里逃生，我当时不知怎么办。

十分幸运，我碰上了天底下最好的包工头大哥。当我把坎坷的身世，美好的愿望，还有老师手背上的月牙一股脑地讲给他听时，他流泪了。他紧揪着我的双肩，瞪圆两眼吼了一声："兄弟，上学去！"

拼搏了三年，我真的考上大学了，即将冲出大山的包围。明天，我就要启程。前方的路还远，老师，为我祝福吧！

今夜，思念悠悠。独自漫步在石径小路，任步儿声声敲打心扉。天边那弯新月静静地注视我，柔和、慈祥。我双手合十，虔诚倾诉：噢，我的狗儿，愿你今生今世幸福安康！

说出来你会舒服点

◇ **夏桂枝**

那是 2000 年 11 月的一天，我带着学校课题组的教研员下乡听课。活动期间我们在一所村完小的旧礼堂里为这学区的全体老师开了三节作文探讨课，其中一节是六年级的课，作文题目是：××，我想对你说。执教的是一位姓张的年轻教师。课伊始，学生的情感就被调动起来了，主动发言的还真不少。其中一个女孩，袖上戴着中队长的标志，人显得很有个性，可是她几次三番扭头瞄瞄听课席，把手举起又放下，最后停靠在耳边，眼睛里淌着矛盾与焦虑。我顿感疑惑，张老师也发现了这个细节。她走到这女孩身边亲切地说："你心里一定有话说，说出来，就是错了，张老师为你扛着。"女孩猛地站了起来，很坚决地说："我真想对李老师说，'老师，我恨您！'"

这句话犹如一颗炮弹在礼堂里爆炸了，大家被炸昏了，因为那位李老师就坐在听课席上。我作为这节课的指导老师手心直冒汗，心想：让孩子说，那位李老师能承受得了吗？再说我们是来做客的，怎能冒犯主人呢？不让孩子说，不仅抑制了学生的表达欲望，而且会使这个女孩的心灵又一次受到伤害。我不敢做任何暗示，就由张老师自己决定吧。此时的张老师很快回过神来，她俯下身子轻柔地说："看来你心里还真有委屈，"她顿了顿，然后提高声调说："说吧，说出来你会舒服点。"

女孩终于说出发生在三年前的事。那时她在离家几步远的中心校上学而且任班长，班上有一个教师的孩子顽皮又偷懒，有一天他正抄他人的作业，被她这位班长给逮了个正着。班长一手夺过这个男孩的本子，男孩不甘示弱，一来二去，本子破了。女班长因此被"请"进了办公室，班主任李老师狠狠地把这女孩批评了一顿，最后责令其回家写检讨。女孩想申辩，可李老师却

不给她机会，女孩气冲冲地夺门而去，从此女孩逃学了。第二学期她转学到这所村完小……

　　故事说完了，小女孩的泪如断了线的珍珠，张老师掏出纸巾一边为她擦泪，一边说："我和你一样难受，我代李老师向你道歉，如果你想哭，就哭吧"！"哇"地一声，女孩的哭声惊天动地，在场的人全流泪了。不过女孩很快地调整了过来，哭声停止了。张老师又问："舒服点吗？还恨李老师吗？"女孩说："不那么恨了！"张老师很激动，她握住女孩的手说："谢谢你，你不仅对我说真话，而且表达了实情，我们已经是知心朋友了。"说完她转过身去在黑板上写了"说真话，表实情"这六个大字。这就是这节课的所有板书了。

　　紧接下去安排了半小时的练笔，半小时后有三分之一的学生已完成了习作，这位女孩也在其中。老师请了三位上台朗读习作，让大家来评点，女孩被安排在最后一个，她的作文博得一阵掌声。下课铃响了，可张老师却拉住那女孩的手说："咱们再聊一会吧，我也是一位急性老师，我也犯过类似的错，你为我敲了一记警钟。不过我认为李老师当时过分的严厉不仅是因为那个男孩是个教师子女，还可能是因为你是班长，她希望你比别人更出色，对你的要求更高，你认为呢？"女孩笑了。"最后我还得问你一句，在这件事中你有失误吗？你还恨李老师吗？""我也有错，不再恨了"。女孩的笑容无比灿烂，眼睛里透明而且富有灵气。

　　我激动不已，情不自禁地站了起来为她们鼓掌，台下掌声如雷……

　　原来我只知道这是一个精彩而动人的故事，却不知何故能让我如此刻骨铭心，现在才懂得这是以人为本的理念，是教师特有的敬业精神，是她超出常人的智慧和高尚的人格魅力，这一切交织而成的统一体折射出的一束七彩光直射入我心灵深处，才使我如此震撼。

宽容是生命的一种香味

◇ 许　斌

　　人们常说"悲剧是永恒的"，这话讲得颇有道理。的确，随着时间的流逝，童年的一些欢乐场景渐行渐远，往往一些痛苦的回忆却异常清晰地萦绕在我心头。

　　小学阶段的我成绩优异，深得老师们的宠爱，一年级到五年级我都被委以班长一职。我也尽心尽力做好自己的份内事。在对老师的话言听计从的同时，我也对老师充满了感激与崇拜。可是后来发生的一些事改变了我的看法。升到三年级，我们班换了一个教语文的林老师。林老师的脾气特别暴躁，还常常把这种情绪带到课堂上来。同学们怕上课时回答不出问题成天提心吊胆。俗话说，十个指头伸出来，且有长短，何况是同一个班的学生，素质当然是参差不齐。总是有两三个学生不争气，成绩差，拖欠作业。林老师在历经一次次的失望后，对他们的处罚也变本加厉。上课时常常带着几个铁夹子。一走进教室，便把当天拖欠作业的那几个学生叫到黑板前"展览"。林老师在历数他们的"罪状"后，当着众人的面，给这几个同学安上"耳环"，整整夹着上完一节课。我分明看见，那几个同学强忍着痛不哭出声来。堂下的我们同情地望着他们，只觉得似乎要被他们的泪水给淹没，思绪飞到很远很远……

　　我清楚地记得那一回，几个问题学生又惹老师生气了。下午一上课，林老师气冲冲地走进教室，手里拿着墨汁和毛笔。大吼着把那几个学生提到黑板前。让女生和男生分列两边，并且分别在他们头顶对着的黑板上写"懒婆娘"、"懒婆公"。林老师还补充说："以后大伙就拿这些外号称呼他们。"同学们笑得前俯后仰。

随后，老师拧开墨水瓶盖，拿毛笔蘸了一下。说："许斌同学，你上来，今天由你给他们画上'黑眼圈'"。师命难违，在同学们诧异的目光中，我上台接过笔画起来。说实在的，我的内心是痛苦的，此时我成了老师手中的一把利剑，直插同学的胸口。我觉得自己画得很慢，而且手一直在抖。台下的同学不时地哄笑，我觉得分外刺耳。仿佛过了一个世纪，终于完成了。我忐忑不安地回到自己的座位上，同学们哄堂大笑，台上那几个却在无声地流泪。老师啊！您可知您严重伤害了几个孩子的自尊心。我在心里这样说。末了，林老师还补充说："今天的事让他们一辈子都忘不了，看他们还敢不敢！"

也许读者们看了我的文章后会深深地震惊：这哪像一个老师所为？她违背了一个老师最起码的道德操守——爱！的确，那件事让我在有生之年怎么也忘不了！它时时提醒我在教学工作中不要重蹈覆辙。

孔子曰：以责人之心责己，以恕己之心恕人，不愁到不了圣贤的地位。在新课改的今天，这话相当合适。十年的教学生涯，我认真地教书，同时在育人方面也严格遵循"宽容"二字。曾经看过这么一句话：宽容是生活的一种香味。多美啊！对学生的任何一个错误，我们都不可小视。要耐心地倾听他们解释，给他们一个改错的机会。粗暴的一顿打，解决不了什么问题。只会让学生的心偏离我们越来越远。

记得曾经教过一个叫小凡的男生，他骨子里是叛逆到极点的。成天惹事生非，为了一点鸡毛蒜皮的小事就与人打架。每次批评他，他总是"虚心接受，坚决不改"，让我大伤脑筋。针对这种情况，我决定改变策略。我详细了解了他的家境。原来，小凡的父亲教育子女的方式极为粗暴。从小，只要他一做错事，父亲便对他一顿暴打。从不问原由，甚至迁怒于小凡的母亲。母亲老实巴交，也管不了他，成天以泪洗面。在这种没有欢乐的家庭中长大，小凡充满了暴力倾向。

了解了他犯错的根源，我决定用真诚的爱心来感化他。上课时，我把他调到第一桌来听课，及时对他补缺补漏，多给他创造发言的机会，不断地鼓励他相信自己的能力。课后我多关心他，天冷了，总不忘叮嘱他多添衣。有时中午留他做作业做晚了，我便拿来水果、面包给他充饥，常常和他促膝谈心，给他讲做人的道理。一阵子下来，我欣喜地发现，他进步了许多，不仅成绩有所提高，而且打架骂人的行为也收敛了。

我想，正是因为有了前车之鉴，才让我在十年的育人生涯中走好每一步。曾经看过一篇文章，叫做《每一朵花都有盛开的理由》。最末一段写得真好：

当我们在寂寞的人生旅途中一路走来，我们要珍惜眼前盛开的每一朵花。抬头仰视它，千万不要在低头的刹那间碰落它。因为，每一朵花都有盛开的理由……

少了钱谁也不干

◇ **陈春艳**

　　一日，为了让学生进一步理解"带走的是荒凉，留下的是繁华"的意思，我兴致勃勃地指着窗外正在施工的新学校："大家看看，建校的工人，他们建好后，留下的是新学校，带走的……"，"——一袋钱！"全班异口同声。我本想引导他们往更高的境界想，没想到答案却令我目瞪口呆。

　　马上，就有学生纷纷举手，表示自己的看法："老师，我算过了，他们建一幢房子，可以赚两万块。""老师，那些工人至少可以赚两千块。"……大家七嘴八舌，议论纷纷。看来，我的举例是失败了，我试着做最后的努力："哪一位同学有不同的答案？比如说……"无人举手，却见底下窃窃私语，追问之下，一同学道出"天机"，"老师，就是这答案，你想想看，没钱给他们，他们吃什么？穿什么？少了钱谁也不干！"我感慨不已，想想当年的我们，学到这课时，全都对具有奉献精神的工人佩服得五体投地，恨不得马上变成一位工人去开发北大荒，去开采大庆油田……时过境迁，现在，从"祖国的花朵"身上确实让人感到时代不同了。

　　无独有偶，几天后，在教学《我家还缺啥》时，最后我问了一个问题"你家还缺什么？能和大家谈谈吗？"同学们都一一做了回答，有的说缺台电脑，有的说缺台冰箱，有的说缺台洗衣机……这时，我发现有个同学把手举得最高，于是，我请他回答。他精辟的分析令我这位阅历颇深的老师也自愧不如，"老师，我家就缺钱，缺大把大把的钱。如果有足够的钱，那前面几位同学家里什么都不缺了。有了钱，想要什么就有什么。"说完，还得意洋洋地看了其他同学一眼，很显然，他认为自己的答案是"最佳的"，其他同学听了，顿作恍然大悟状："噢！对呀，怎么就没想到呢……"

　　写到这里，我的心不禁沉重起来。诚然，他们有这种金钱意识，也许能更快地融入现代社会。但是，对于只是小学三年级的他们而言，这种金钱意识是否来得过早呢？我们时时注重思想道德教育，要求学生"多做好事，多为别人做贡献"，可结果如何呢？是社会变化太快，还是我们的思想教育落伍了呢？

一次的教训够了

◇ 叶爱菊

时间悄悄的已过了两个月，身体上的疼痛以及心理上的创伤仿佛在提醒我这一切就如发生在昨天一样。今晚夜已深得逼近凌晨，而我睁着两只空洞的大眼躺在床上盯着室内的天花板，我知道这又将是一个无眠之夜。

黑暗中我又想到了那一天，令我深深不能忘怀的那一天。还剩一周就期末考试了，为了让孩子们考好成绩发挥出最高的水平，在这最后的冲刺阶段，身为老师的我为他们拟订了一整套的复习计划，整理了一些重要的复习资料。我忙前忙后，比平时上课累多了，但我不在乎，俗话说"教师是园丁，学生是花朵，只有辛勤的园丁才能浇灌出鲜艳的花朵"。说真的，在那时我完全忘了自己是个怀孕五个多月的妇人，是需要有充分的休息时间的。每当看到经过我的调教，学生的成绩在不断地进步我就异常高兴，就会暂时忘了一身的劳累。

但我彻底地忘了我肚子里的孩子她还很小，她很弱，她需要的是一个良好的生存环境，她也是会累的，她也怕噪音。

那天，半天是我的数学复习课，面对两个从上课开始就互相说话的小男生，也许他们忘了平时老师看他们一两眼就算批评的告诫，还在说。不知怎的，我的火气一下子就冒了出来。我采取了平时不轻易出手的那一招——拍桌子。只听教鞭"啪啪"两声响，两个小家伙停止了讲话，全班同学都看着我，班上安静极了，谁的鼻子不小心抽动一下大家都感觉得到。但当时我的心却沉重起来，直觉告诉我将要有什么坏事发生，因为那时我的身体发生了变化——一股水流了出来。

只有五个月的时间，羊水却破了，胎儿还能吸收到养分吗？为此我小产

了。在医院躺了近一个星期，回家坐了一个多月的月子，身子至今还未复原，心灵上的伤口至今犹在。既苦了自己，又累了亲人，这都是谁之过呀！虽然那一教鞭不是敲在学生的身上，敲的是桌子，但我却感到它是敲在我的身上，痛在我的心里。胎儿也许受不了这突来的刺激，或许她不希望自己有一个脾气如此暴躁的母亲，于是她选择了离去。

虽然期末考试我班学生成绩名列前茅，但我却失去了最宝贵的——一个生命，真是得不偿失呀！这次深刻的教训让我明白了一个道理，希望老师们能够谨记：为了我们孩子的健康成长，保护好我们的身体，控制好我们的脾气吧！

一双新鞋

◇ 尤成斌

自我从师范毕业踏出校门，一直在乡村从事教学工作。这些年来，大大小小发生了许多事，或喜悦，或伤悲，犹如过眼云烟，然其中有一件事总令我难以忘怀，有事无事常撩起我的思绪，虽然它仅仅缘于10元钱。

窃以为乡村教书最苦的不是精神生活的匮乏、乡野空旷的寂寥，而是每学期期末要前往学生家里索要学杂费。

那个学期又近期末，学校索要学杂费的工作又陆续展开。幼儿班有个叫叶子的小女孩，父母双双外出打工，家里仅剩下奶奶与其度日，她是欠学费的"大户"。

一天，我去村里联系筹建新校事宜，刚到村口，一个陌生的声音叫住了我，循声望去，一位矮而胖的老妇人正从停在村口边的一辆三轮车上蹒跚地滑下来，一下拦住了我："校长，我儿子外出打工没回来，学费恐怕暂时交不上。"

"快放假了，希望快些，以免老师来你家索要，这样不好吧。"

"我知道，儿子近段连生活费都没寄，我们生活困难，学费能否免些?"

"最好别免，学校也很困难。"一听免费头就疼，我拉长了脸，丢下她往前走，身后是一片沉默。

第三天早上，她让叶子捎话叫我去她家取学费。她家确实很困难，屋里除了几根柱子外，空荡荡的似乎什么也没有。她一见到我，赶忙从内衣兜里取出一团手帕。

"这些钱本来是女儿这一年来回家看我给我零用的，我攒了下来，看来儿子近段是寄不来钱了。"她一边说一边小心翼翼地展开那团手帕，露出一叠10

元的人民币。

"校长，这儿整一百元，我想能否给免十元，让我给孙女添双鞋子。天气转凉了，叶子她还穿着凉鞋。"

"好吧，我回去与几位老师商量商量，再通知你，暂时你先别买鞋子。"

"好，好，那太谢谢了。"我发现老妇人脸上露出喜悦的笑容。

我拿走 90 元，回校后由于忙别的事，当然也因为仅仅 10 元钱的缘故，并没有把它放在心上，于是便搁了一个星期。

第二周的星期一，我上班时，幼儿班老师无意中告诉我，老妇人于上周星期六过世了，顿时我愣了。

"叶子今天穿什么鞋?"

"凉鞋吧。"幼儿班老师不解地望着我。

下午，我捧着一双新鞋，出现在叶子面前，但我多么希望站在我跟前的是那位尚不知名的老妇人。

鞋子的故事

◇ 吴承力

那是一双精致而结实的皮鞋，外面还套着个缀着小蝴蝶结的盒子。无论是款式还是用料，都可以看出这是一双凝结着制鞋者心血的精品，几年来，它总是静静地躺在我的案头，仿佛在娓娓地倾诉着那个凄凉而美丽的故事。

十几年前，凭着一腔的热血，我毅然踏上了那片遥远而神秘的海岛——嵛山岛，并被安排到最偏远的中灶小学。低矮斑驳的校舍，十平方米的教室里坐着七八个黑黝黝的小毛孩，这就是我负责的即将毕业的"兵"。就是这几个"兵"，有几个还是校长好不容易动员才来的，尤其是那个高高瘦瘦的小女孩小娥，开学都两三天了才来。

记得那个寒冷的冬天，凛冽的北风还夹着冰冷的细雨。上课了，教室里冷得就像冰窟窿，大家都全副武装。瘦高的小娥虽然也穿着稍短的破棉袄，却不知为什么浑身似乎还有些颤抖。课上了一半，我忽然听到有人不停跺脚的声音，"谁?""老师，是她!"有个同学指着小娥，偷笑着说。"小娥，你给我站出来。"我看见她只是颤得更厉害了，却仍然坐着，一气之下就把她拉上讲台。"老师，我……我……"眼泪顺着她那瘦削的面庞滴到她的脚板上，这时我一下子惊呆了，原来她的脚上只套着一双凉鞋，那又青又紫的小脚还有些浮肿。"这么冷的天，你怎么不叫你爸爸给你买一双暖和点的鞋呢?"我有些心疼地问，她只是摇摇头。"你平时扫鱼粉赚的钱呢?""老师，都让她爸'这个'去了。"有几个同学做个喝酒的手势。我知道自己错怪了她，赶紧让她坐回自己的座位，拿来我的大鞋子先给她套上。

世间竟有如此恶毒的父亲，也竟有不问青红皂白的老师!我为那天自己恶劣的态度深感愧疚。那个星期天，我到镇上买了两双稍大的布鞋送给她，

虽然她一再推却，但最终还是接受了。后来，我发现她依然那样清瘦，脸上倒多了几分光彩，学习也愈发勤奋，尤其是对写作兴趣很浓，作文还获得学区征文一等奖呢！可惜升上初中只读了一年就辍了学做皮鞋去了。

六年后，我回到了内陆。十多年的岁月很快就过去了，我早已忘记了此事。几年前的一天，在福鼎的街上走着，忽然一声"老师"的叫声镇住了我，眼前一位亭亭玉立的姑娘，旁边还挎着个老板模样的男人。"老师，您还记得我吗？"我只是面熟，"你还记得那双鞋吗？""哦，该不是小娥吧！"师生相视而笑。闲谈之中，我才知道，小娥如今在一家名牌鞋厂当设计师，身边是公司的老总——她的男友。回想起十几年前她穿着一双凉鞋在寒风中颤抖的样子，我真的替她高兴。临走时，她一再地询问我的地址和鞋子的尺码，说是要亲自做一双鞋子给我。

几个星期后，我收到了这款精致的皮鞋。这些年，我依然在偏远的小学教书，来来往往，也不知走破了多少双鞋，唯有这一双，我舍不得穿，我总是把它精心地珍藏着，珍藏在我的案头。在我的心头，也深藏着一个凄凉而美丽的故事。

亮光·心灵

◇ 陈明端

8点20分，晚自修下课的铃声叮铃铃地响起来，我走出教室，准备回家。外面很黑，走了几步拐弯就是下楼的楼梯。我托了托眼镜，尽量睁大眼睛，开始摸索着第一级台阶。放学的同学三三两两蹦蹦跳跳地从我身边闪过，他们手中的手电筒发出的亮光也不时在我身边闪过，向楼下奔去。我下意识地扶着扶手，走完了一层台阶，试探着走过一段平台后，又开始找第二层的第一个台阶，一直走完三层楼的阶梯，我才如释重负地松了一口气。哎！都怪我这双高度近视的眼睛。

第二天晚自修后，我还是老样子准备下楼梯，脚刚刚向前探去，一束亮光！一束跳动着的手电筒发出的亮光随着我的脚步一迈一晃，尽管微弱，可我脚下的路却"腾"地一片光明。我欢喜地加快脚步，趁着这束亮光还没跳跃过去时，赶紧多走几步。第二层了，只剩下一层了，咦？这是怎么回事，今天这束亮光咋没有像身边蹦蹦跳跳的同学那样跳过去，而是不紧不慢地随着我的脚步一迈一晃，照在我前面的阶梯上，难道，难道看到我近视走路不便……我心里忽地升起一阵暖意，多懂事的孩子啊！是我们班的同学，还是其他班级的同学呢？会是谁呢？我心里揣摩着，头脑里放电影似的闪现了几个幼稚的面孔……趁楼梯拐弯我回头一看，只看见一个黑糊糊的小影子，有点熟悉又看不大清楚，只有他手里的手电筒是亮的。哦，总算一路顺利地踏完最后一个台阶了。我刚要转回头去仔细地瞧瞧，再好好地对他说一声"谢谢"时，可一没留神，那个小影子嗖地一下从我身边跑过去，跑出了老远，汇入了前面回家的同学队伍里了。只那束亮光跳跃着，跳跃着，像小孩子顽皮的笑脸一上一下。哟，这小鬼灵精，速度挺快的嘛，还做好事不留名哩！

接下来的第二个晚上、第三个晚上，这束亮光就好像和我约好了似的，总那么不紧不慢地走在我后面，照着我顺利地从三楼走到一楼，然后又是一溜烟地跑了。到底是哪个懂事的孩子呢？我决定弄个水落石出。

这天晚上，我照样在那束亮光的保护下往下走。这时，刚好后面又晃来了另一束同学的亮光，抓准这空儿，我猛一回头，啊！终于看清楚了，那个小影子是他，是我这几个晚上都在推想而不敢肯定的他。"他怎么会……"一经证实，我心里一咯噔，脚下开始有些不自在了。

他是我刚接这个班的一个学生，刚上课那几天，就引起了我的注意。上课最爱做小动作的就是他，好像不这样动动，那样动动，他全身的筋就会不舒服似的，我警告过他几次都没用。为了不影响别的同学，我把他从这组第三张桌子移到了最后一张桌子。当时那心情啊，巴不得把他移到我视力范围所不及的地方，尽管他当时提出"我坐在最后一张桌子，黑板上什么字也看不清楚"，可我却以"你什么时候不做小动作了，我什么时候把你调上来"这句话搪塞过去。再后来呢？……再后来我倒渐渐地忘了那个地方，因为那个地方确实是我视力有些不及的地方。

"哎……""我……"我沉重地停下了脚步，回转头："你……你怎么……?"他没有回答。"是你天天晚上给我照明?"我明知故问，他还是沉默。这时轮到我不知说什么好了，我俩都沉默了。直到旁边没有同学走过时他才顿了顿，好像使了很大力气似的说："老师，老师请原谅，我上课不该做小动作，影响同学学习……"我没有让他说下去，抢过话茬说："你坐在那边看不见，我明天……我明天就把你调上来……"说这话时我脸上一阵子发烧，脸红到了脖子根，幸好他看不到。"不用了，老师。看，我爸爸带我去配了副眼镜，现在我能看清楚。""眼镜!"我这才记起几天前后面座位上好像谁多了一副眼镜，我忽然觉得那眼镜与他的脸极不相称。唉，这都怪我，其实该说请原谅的人是我啊！可我最终没有说出口。

"老师，我们回去吧!"我不知我是怎样和他并肩走着下了台阶的，来到底层。"老师再见!"一句话把我喊醒了，只见他又一蹦一跳地向前跑了，那束亮光也像小孩子的笑脸一样跟着一上一下地跳动。我觉得那豆大的亮光一下子照亮了夜幕下的校园，也照亮了我的心……

永远的愧疚

◇ 林妙真

孩子，这么多年过去了，你已经长成一个二十多岁的小伙子了。你是否还记得我——一个曾经深深伤害过你的老师？你知道吗，你托人送来的请假条，至今我还完好无损地收藏着，你的请假条给我的人生信念带来了多大的冲击啊！

记得那是 1991 年的夏天。9 月 24 日，你托同学交来一张请假条。那天的情形历历在目。下午放学，学校很快人去楼空，位于山腰上的校园在失去学生后更显出她的孤寂，我的心一如这座校园，落寞席卷着我。我跟往常一样搬张椅子坐在走廊里无所事事。突然，来了一个气喘吁吁的小男孩，他送来你的请假条。我接过来慢条斯理地拆着，这点意外丝毫没有影响我的心境，请假的人在我的印象里是极糟糕的，似乎不值得我更多地用心。可是，触目惊心的事情出现了，这震撼来自一个十三岁的孩子的指责：

> 林老师：
>
> 你不让我学（读），我也不想学（读），但我要告诉你，做老师不许打学生，要骂、要罚，随你就是不能打学生，再见，老师。
>
> 李成
> 9 月 24 日
>
> 这是我不学（读）的请求，请你答应，好吗？

我一时手足无措，甚至是呆了。这张请假条给我浑噩的意识敲了一记长

长的重重的警钟。我不由得回想起有关你这个叫李成的孩子的故事。

1990年的夏天，我背着行李来到这所偏僻的农村小学，丝毫没有工作的喜悦，经历了分配过程中的种种不如意，我带着无奈而宿命的悲观走进这所学校的四年级，当那七十颗乱糟糟的头颅出现在我的眼前时，我表现出来的是厌恶和烦躁。

于是，"顺理成章"的，我把个人的怨气一股脑倾泻到这群朴实、善良而无辜的孩子身上。面对一些违法乱纪、不完成作业、成绩差的同学，我使用了粗暴的方法，无视起码的人道主义和领导的三令五申。我把际遇的不如意归咎于这些肮脏、贫穷的孩子。

你，班级的"孩子头"，说有多坏就有多坏，对你，我百般武艺全施遍，一点也不奏效。等到放了一个长长的暑假，升入五年级的开学第一天，你来报名，但是所有的作业全没做，我怒从胆边起，打了你的手指头，然后赶你走，不让你上学。你看了我一眼，没有掉一滴眼泪，没有辩解一句，背起书包头也不回地走了。愚蠢的我竟以为你怕了我。谁知，我种种色厉内荏的行为，已在你心里败得一塌糊涂。

看完那张请假条，我的心情再也难以平静，我深深地反省了自己。一年来，我是一个多么失败的老师啊！不管当初我的学业成绩如何辉煌，如今在学生眼里，我只是一个毫无爱心的暴君，一个可笑渺小的人物。可是自以为是的我还沾沾自喜，高高在上，想清之后，我是多么的后悔啊。

后来，我去找了你，和你推心置腹地坐了一晚，才知你自幼丧父，需帮家里干活，以致学习跟不上。我听了，怜爱、内疚之情油然而生。虽然我真心实意地向你道歉，请你返校，可惜你去意已定。

无言难述后悔情。我的残忍、粗暴断送了一个孩子的前途，如果当初我用爱去感染你，亲近你，用别的方式帮助你，像你这样聪明懂事、有主见的人，是会有出息的。就这样，你从我的班级消失了。我没能尽一个老师的责任挽救你，而你却以一颗无邪的童心挽救了我，挽救了一个沉沦、残暴的灵魂。我由衷地感谢你，没有你，就没有三年后的教导主任，就没有我今天的成绩。我的爱心来自一个孩子的谴责，但我的内心，是永远擦拭不去的愧疚。

桥

◇ 林　美

初为人师，我的心情起伏不定，我是不小心误入师门的，当老师并不是我的理想，所以面对学生，我无法产生热爱之情，相反，当学生因种种原因令我生气时，厌恶的感觉倒与日俱增了。

像今天，当我对耿耿发出第五次眼神的警告，他仍视若无睹，继续沉浸在那不知名的遐想中时，我的愤怒简直达到了极点，终于，我忍不住了，摔下手中的课本，气势汹汹地冲到了他座位上，一把揪住了他的衣领，将他往教室外面拖。然后，一言不发地转过身，回到课堂，仍平静地讲着早已"食不知味"了的课。

等到进行"巩固练习"这一环节时，我才偷偷地把目光投向教室外面的耿耿，此时的他看上去有些惊慌无助，整个都快变成泪人儿了，我的心随着他因哭泣而抽搐着的双肩倒变得柔和了许多，甚至都有些后悔了，为自己的急躁。本想走过去，同他说上几句话，然后让他回教室，可转念又一想：这个耿耿平时的成绩并不好，上课时又如此不专心，今天被我这样处罚，完全是"罪有应得"，我一定要抓住这次机会，给他一点颜色！于是，我马上告诫自己千万别被他可怜兮兮的假象给迷惑，还是让他继续站在外面反思反思，用心地反思吧！

中午回到宿舍，脑海中一直挥不去课堂上的那一幕，再次地，我又为当老师感到后悔了，唉，什么"太阳底下最光辉的职业"，我看是"太阳和月亮下最受气的职业"才对，不是吗？白天的课堂，晚上的青灯孤影，哪个老师

不曾有过怨叹呢？只是有些老师怨叹过了之后，仍能够满腔热情地投入其中，甚至不亦乐乎，而有些老师怨叹过后则会想方设法地逃离，我绝对是要属于后者的。

因为我的梦想一直都是要成为一名桥梁专家，受小时候学的课文《赵州桥》的启蒙和听过的茅以升故事的激励，我的造桥梦相当狂热，只要一想到我设计的各式各样的大桥"飞架南北"，使"天堑变通途"时，想到行走在上面的车辆和行人惊叹的目光，想到那些江河湖海因了我的桥而更加壮美多姿时，我的心里就会豪气顿生……"咚、咚"，传来敲门声了，探进来了几颗小脑袋，是班长容容和其他几个同学，他们是来替耿耿请假的，原来是耿耿的妈妈病逝了！就在中午放学之后，容容他们还给我讲了许多关于耿耿的事，父母离异，耿耿被判给了母亲，可母亲体弱多病，反倒需要年幼的耿耿照顾她……

几张小嘴还在动个不停，我的脑中却一片空白了，无法形容的痛楚刹那间从心底升腾而起，怎么会这样呢？一个不到十岁的孩子负担着那样一个沉重的家庭，作为他老师的我非但不知情，反而待之以残暴冷漠的态度，甚至内心里还有些自鸣得意"训生有方"。回想课堂上他无助的身影，他可怜的泪水，我真的懊悔极了。

下午上课时，望着那个空空的座位，我无法平静。终于等到放学了，由容容几个同学带路，我到了耿耿家，穿过外面忙碌的人群，我在一间昏暗的小屋里找到了耿耿，他一见我，又涌现出了和上午一样的惊慌神情，我一把搂住了他，泪水夺眶而出了，随着而来的是深重的愧疚感：一个"身在讲台心在飘"的人，一个没有爱心的人，有什么资格教书育人？根本就不配啊！

夜幕降临了，第一次怀着异样的心情，我坐在了橘黄的灯光下备课、改作业，蓦地，一段这样的文字冲进了我的视线，是白天布置的作文《我的理想》：

> 我的理想是长大后当一名老师，因为我觉得当老师很了不起，他可以用粉笔架起一座知识的大桥，使每个小朋友过桥后都能学到好多好多的东西。……

　　再一次地，我的心被重重地撞击了，愚笨如我啊！只会一味地在琐碎的挑剔和徘徊中编织理想，怎么就不明白实际上自己正在实现理想，也许不会有太多人看到这座桥的耀眼夺目，但学生们却能够真切地感受到，并且终生都从这座桥中受益，天底下有什么桥能比这座桥更加永恒牢固呢？

　　感谢学生，在我初为人师的第二十三天，送给我这样一座心灵的彩虹桥，使我懂得：也许我们无法选择命运，但是我们可以圆满人生！

只为分数活着是可悲的

◇ 吴寿锦

当往事随时间慢慢沉淀，真情便浮出记忆的水面，看现在班级小吉同学上课呆若木鸡的痛苦样，我的心中总会涌起一种忏悔而又激动的情感。

五年前在我任村完小五年级班主任时，班上的小昌同学让我的教育观念有刺心般的转变。今天再次看到这相似的名字，无论如何也拉不住思绪。

当我被教师们尊为"评比榜首"，被群众誉为"很会教书"的老师，从学区的"边疆"调入"沿海"的完小时，校长满怀深情地说："吴老师，你抓学生的成绩有经验，很差的班级经你的努力都会在评比时居前几名，我们学校这五年级学生在上学期期末考试的分数评比是倒数第三名，拉了学校的总评，渴望你的回天之力！"我放下行李还未来得及整理就思考着校长话里的分量，在"学生评比成绩是学校的生命线"的重要指示下，学生分数的分量可想而知，而且校长是把我当"人才"引进的。

带着校长"分数的希望"我像往常一样，在班会课上，在个别交谈时，在家访时都以"学生学习成绩评比分数"高标准要求学生。我为把这"差班"转化成"好班"而绞尽脑汁，单元考试分数张榜公布，给学生规定下次分数应达到多少……为了"分数"，学校老师的办法也无穷无尽，加班、出题考试，我连星期日也搭上了。师生苦不堪言，怨声四起，语文的"情节分析"面面俱到，学生学习味同嚼蜡。小昌同学在双休日就是不到校上课，他的成绩可是班上最差的，语文第一单元只考了 38 分，数学老师也报怨小昌数学差。我找他谈心，他总不屑一顾地说："老师，我就是学不会，我与分数无缘，不要逼我了。"听到这话，我与科任教师都伤心摇头。

也正是忘不了"分数的重任"，我和科任老师不顾学生的身心，采取

"逼"、"挤"、"压"的策略，最终撵走了小昌。临走时他丢下让我深省的一句话："老师，你什么都与考试分数挂钩，为分数活着是可悲的。"哦，一个小学还没有毕业的学生，竟能道出这句话？认真想来并不奇怪，这正是一个受分数残害的学生的肺腑之言。

小昌走了，他带着对我的尊敬，对分数的鄙视走了，走进县城他叔叔十分红火的"汽车修配店"。遗憾的是我那年并未实现校长的希望，期末评比我班学生的语文成绩也只居中上水平的（县级评比表）第12名。

我思考，我忏悔，我这些年除了为攀登评比榜的高位而逼着学生，除了以"学海无涯苦作舟"教育学生去取得好分数，又做了些什么呢？小昌没有毕业就走向社会，如今他虽然是个有几十万家产的师傅，但他毕竟只是小学学历。我"很会教书"也只不过是为分数所奴役的老师。从学生敬畏的目光背后，我感到自己的心被一团雾所笼罩着。

受到小昌那"为分数活着是可悲的"的话的刺激，我醒悟了，投身于"用特长悟学语文"的教学辅导探索中，学生着魔似的爱读语文，爱用语文。虽然在评比时我的学生成绩并没有居于榜首，可我心安理得。现在的吉被学校任定为"音乐特长生"，语文成绩虽然不够理想，但他却愉快地活在"天生我才必有用"的信条之中。联欢会上他那动人的歌声化作长长的缱绻，飘走我那花开花落的如烟往事，飘走心灵中回眸顾盼的离离情愁……

一个学生切身体验后的朴素话语，洗醒我陈旧的教育大脑，洗亮我的教育生涯，我将永远珍藏着这句话——为分数活着是可悲的。

孩子，我还能说些什么

◇ 陈燕婷

下午来到学校上班，坐在办公桌前，看着学生写的纸条："小杏没写，振辉没写……"心情一下子糟透了，无奈、失望、生气……一下子都涌上了心头。最近不知道怎么回事，学生忘记完成作业的现象频频发生，几个同学已经不止一次了，和家长联系也无济于事。说实话，我没招了。

刚好第一节课又是我的课，我是一点儿上课的心情都没有，该说的都说了，该做的也都做了，道理他们能说得比谁都好，可结果却让人心寒。我站在讲台桌旁，什么也不想做，我对学生实话实说："陈老师现在心情糟透了，不想给你们上课。"学生大概知道是什么原因，个个都低垂着头。

这时，我发现坐在中间的福民仰着头，有点不对劲。我问了句："福民，你怎么了？是不是流鼻血了？"这时，全班同学的注意力都集中在他身上，一下子，整个班级都骚动起来，附近的同学把他团团围住，你一句，我一句地询问起来。同桌的晓妍连忙举起了他的左手，小昱送来了纸巾，玉明把纸巾搓成了长条状塞住了他的右鼻孔，一些同学还在旁边七嘴八舌地出谋划策。"用水拍拍他的额头！"不知是谁大声地喊道。"用我的！"大家争着把自己的水瓶送了过去。玉明接过其中一个同学的水瓶，倒了些水在福民的额头上拍了拍，几个同学还拿着纸巾不停地帮他擦滑落下来的水。一切是那么的默契，那么的温馨。"其余同学赶快坐好！"有同学意识到我的存在了。同学们迅速地坐回原位，一阵紧张的骚乱后，教室又恢复了平静。"陈老师看得出了神了！"敏锐的晓娟突然喊道。我这才意识到自己竟站在原地一动都不动，出于想看看孩子们会怎样处理这件事的想法，我并没有像往常一样干净利落地去处理这件事。一切是那么的迅速而又带着些笨拙，紧张而又充满着关切。在

这短短的几分钟里，孩子们把这课堂上的突发事件处理好了。"陈老师，你笑了。"一个同学又喊道。是啊！在这过程中，我竟不知不觉地笑了，是孩子们感染了我。我在欣赏他们，欣赏他们的真，欣赏他们的纯。我激动地对孩子们说："我太感动了！""陈老师，你现在心情好了，该给我们上课了吧？"我还有什么理由生气，还有什么理由批评他们呢？我不禁为刚才把自己的情绪带到课堂上来而感到惭愧。这时，我脑子里突然有个想法。我笑着对孩子们说："这节课，我们就不上语文课了！""那我们聊聊天吧！"一个孩子提议。"好！聊聊天，就聊聊有什么办法可以使大家不会忘记写作业。"顿时，孩子们情绪高昂，七嘴八舌地讨论起来。有的说写在手上，有的说用闹钟提醒，有的说让妈妈帮忙提醒……剩余的时间就在一阵辩论声中悄悄地过去，用孩子们的话说："我们像在吵架！"

一节课很快地过去了，孩子也找到了适合自己的办法。下课了，有的孩子还意犹未尽地说着，有的嚷着要我布置作业。看着他们那高兴劲儿，看着他们那纯真的笑容，我还能说些什么呢！在这之前，学生要是忘记写作业了，我肯定又会借题发挥，狠狠地批评他们一顿，然后再进行一番思想教育，最后还得请家长配合教育。有时候，因为一小部分同学没写作业，还会使全班同学都挨批。而这样做的后果是学生写作业往往是被动的，是被逼出来的。学生为写作业而烦恼，老师也为学生忘记写作业而烦恼。我有时候在想，学生要是可以不写作业，那么他们该有多快活呀！

教育的最终目的是什么？仅仅是知识的传授吗？这时，我似乎明白了什么！虽然我现在还说不清楚那是什么！可我感觉到了触动与希望……

永不轻言放弃

◇ 李艺卓

"老师，您要管我！"这句话出自一个已被列入无可救药一类的学生之口，给了我极大的震撼。

在一个星期六的午后。当时，他期期艾艾地嗫嚅着，说出这么一句话，我简直不敢相信自己的耳朵，瞪大了眼睛认真地看着他——他红着脸，低着头，两只光脚丫不安地互相搓来搓去，可以看出他此时的忐忑不安。我明白，说出这句话，他该鼓起多大的勇气啊！我猛然醒悟，在不经意之间，我对他的伤害激起了他更强烈的自尊，驱使他勇敢地向我表白"老师，您要管我！"

当我刚接管这个班时，上一任老师列出一大串人名，一一介绍，特别提到他——小杰，刻意说，此人已是朽木，不可雕也！起初，我还不以为然，尽力抢救，几个回合下来，精疲力竭，方信回天无力，遂决计不再做无用之功。

于是，在一次课后补习中，我以很轻松很自然的口吻对他和另外一个也被视为朽木的学生说："小杰和小鹏，你们不用补了，可以走了！"当看着两根"朽木"背起书包，默默走出教室时，我仿佛卸下了千斤重担，一阵轻松，心想：这下，可以用节约下来的时间专心对付剩下的"可雕者"了，而他们也一定如获大赦，再也不用为跟不上而苦恼，真是两全其美，我自鸣得意起来。

当我还心安理得地为这个"理智"的决定沾沾自喜时，学生的这句出自肺腑的话无异当头棒喝，自诩深谙为师之道的我对"另类"是如此冷酷，全无心肝，还自以为是随心所欲行使"宽赦""豁免"的权力——"宽赦"他们不用读书，"豁免"他们不用努力的权力。在他们幼小的心灵里，我扮演了

一个什么角色？救世主吗？

　　蝼蚁尚且贪生，何况于人！为什么我不问一问当事人的感受就草率做出决定呢？他肯定是在我身上看到了希望，犹如溺海之人抓到一根救命稻草。起初的教导使他见到一线生机，可我未及等他上岸，便匆匆抛弃了他，使他又掉下黑暗的深渊……。我仿佛见到他在茫茫大海中向我呼救："老师，不要抛弃我！老师，救救我！"

　　我多么狠心呀！为了图一时之便，竟放弃了对一个学生的帮助，而且这本是为人师者责无旁贷的事，我却心安理得地弃之如敝帚，唯恐避之不及。我成了刽子手！我正在用这双手残忍地剥夺一朵正在拼命争取阳光的花朵的生命力，任由它枯萎，自生自灭。捏碎了它开花的憧憬，使它毫无生气地苟延残喘而我却付之一笑，视若无睹！而且，有了第一朵，便会有第二朵，第三朵，乃至成千上万朵在不知不觉中被忽视，被践踏！而这一切的罪魁祸首却无动于衷，自诩高明！我猛然想到另一个也被打入冷宫的学生，不知他作何感想，也许他浑然不觉伤痛，也许他正暗自饮泣，也许他正悄悄枯萎，也许……，我不寒而栗！

　　"老师，您要管我！"他抬起了头，又一次坚定地乞求着，不大的眼睛因为希望而熠熠生辉。我拍了拍他的肩膀，郑重其事地点了点头。他如释重负，笑容像阳光一样灿烂，这一瞬间，我突然发现原来他是那么可爱！

　　窗外阳光明媚，不管是参天的大树，还是卑微的小草，都无一例外地得到阳光的抚爱，焕发着生命的活力。我对自己说，对茁壮成长的万物说："无论是谁，无论成功还是失败，永不轻言放弃！"

孩子，是你教会我思索

◇ 林雪丰

二十多年的教学生涯，有过年轻时的激动与热烈，也有过年长后的平静与执着；曾有欣喜的一闪而过，也曾有迷茫的沮丧和困惑。不曾想，一节平常的数学课，孩子们那低声但却充满智慧的回答，竟使我产生对答案以外的问题的深深思索。课堂中的情景总是浮现在我的脑海中，挥之不去，甚至让我产生急切的要把它记录下来的念头。

记得那是学习第九册数学一般应用题解答方法极平常的一节教学课，在学生学完例题之后，我让孩子们自由讨论，总结规律并加以灵活运用。当我指名一位学生代表发言的同时，竟发现超超与晨俊同学（他们坐前后桌）不知何由还在大声争吵。因为是学生代表发言，教室里很安静，他们俩的"出格表演"尤其突显"违规"。于是乎，我非常恼怒，心想，不是要培养学生"学会倾听"吗？这成何"体统"！我竟超乎寻常大喊了一声："你们还在说什么呢？"这时他们俩也惊愕了，两双眼睛直瞪着我，不知所措，但他俩坚定的眼神，平静的态度，促使我必须先弄清缘由，再论是非不迟。于是，我耐下性子较缓和地说："你们有什么要说的呢？"他们俩谁也不敢先说，我又补充说："是有关讨论的，请大胆说，不必害怕。"这时，超超同学就坐在自己的位置上说："我们讨论这道题的另一种解法。"听到这，我不禁一愣，我的心中像倒了五味瓶，有庆幸、有懊悔、有感激、有内疚。我庆幸我改变了态度，庆幸没有把他们的想法扼杀；我懊悔，懊悔怎么没有给学生更多的讨论时间，怎么没有早发现他们俩的精彩争论；我感激，感激他们俩充满智慧的回答，使这节课收到了意想不到的好效果；我内疚，内疚这样理性的思维火花险些被鲁莽之水所浇灭。不容多想，我果断邀请超超同学上讲台把想法说

出来。请看题目：解放军某部进行野营训练，原计划每天行军 35 千米，15 天走完全程。实际提前一天走完，平均每天走多少千米？原解是 $35 \times 15 \div (15-1)$ 另解是：$35 \div (15-1) + 35$。在板书的同时，让他给同学们解释每一步所求及分析的方法。

这是多么好的想法呀！这不就是我们的课堂教学改革中一直在追求的多元化思维方法吗？这不就是课改中拓展思维的最佳学习状态吗？此时此刻，我全身发热。随即，我向学生们道歉："老师误会了他们俩，不该冲他们喊起来，对不起，请原谅。"我在环顾教室四周，发现学生的脸上都露出了善解人意的微笑。这让我的心灵再次受到震撼，多么纯真可爱的孩子啊！是你们给老师上了一节教育课，让老师的心灵受到洗礼。

下课了，我的思绪久久不能平静，我在想，如果当时我没有及时调整心态，仅靠教师的威严，阻止了他们的争论与发言，其结果又会是怎样的局面？我在告诫自己的同时，也在深深地思索：真正的教育向往是什么？真正的教育向往应该是师生共同拥有的生命的提升！真正的教育是人的心灵探寻与灵魂的成长过程！"知识若没有智慧烛照其中，即使再多也只是外在的牵累；智慧若没有生命引帅其间，那或可动人的智慧，也不过是飘忽不定的鬼火萤照。"（黄克剑语）真正的教育是人性的唤醒与智慧的催萌，课堂应成为情感交流、思想互动之乐园，教育的最高境界是点化人生、润泽生命。

身处知识经济多元化时代，随着素质教育的不断深入及新一轮课改的继续推进，对教师的职业操守、思想素质提出了更新、更高的规范要求。我们必须真正领会教育之真谛：爱的教育。孔子曰："爱之，能勿劳乎？忠之，能勿诲乎？"爱学生，就必须善于走近学生，了解学生，把自己当成学生的朋友，去感受他们的喜怒哀乐，走进学生的情感世界，只有童心能够唤醒爱心，只有爱心能够滋润童心。教师对学生真挚的爱，是我们感染学生的情感魅力，正如夏丏尊所言："没有爱就没有教育"。卢梭有句名言："热爱能够弥补才能之不足，但才能不能弥补热心。"教师人格力量的核心之一就是富有爱心，人格力量核心之二是尊重学生，要诚实的尊重，诚实的包容，才能获得生命、健康、自由三大做人的尊严。教师的真正尊严，从某种意义上讲，并不是我们个人的主观感受，而是学生对我们的道德肯定、知识折服和感情依恋。教师只有在和学生的相互尊重中才能形成和谐轻松的教学氛围，从而顺利地完

成教育教学任务。教师是人类灵魂的工程师，是非分明，善良宽和应是教师的品位。一方面教师要敢于批评、善于批评和自我批评，教师本身要敢于正视自己的缺点，敢于公开认错。孔子曰："君子之过也，人皆见之，及其更也，人皆仰之。"敢于改正错误比固执于错误更容易得到尊敬和谅解。

　　一滴水也能反映太阳的光辉，事不在小，而在于"为"与"不为"，"勿以善小而不为，勿以恶小而为之"。课中一句短短的道歉，一个小小的邀请，让学生体验到教师的仁爱与宽容。"宽容是生命的一种香味"，我一遍遍地感动着。是宽容把我带回到孩子们的身边，是宽容使我拥有童心的随想。苏霍姆林斯基说："要时刻记住自己曾经也是个孩子。"孩子渴望人们的仁爱与宽容，渴望人们的理解与尊重。爱是美丽的，爱每一个孩子，美就美在它的博大，它的宽容。

这一晚我彻夜难眠

◇ 陈平月

挥一挥手，带着简单的行李，开始我下乡支教的教学生涯。这之前我一直在中心校执教，我不知自己此去的教学会是什么样、乡村的孩子知识掌握如何、头脑是否聪明、纪律是否严明。

担任五年级的数学教师兼班主任，又教六年级的语文，更有一至六年级的音乐，还有几节别的常识技能，顿觉压力重重。上课不足一个月，声音沙哑了三次，每天从早到晚忙活不停，然而这些对我来说并不难，头疼的是几名调皮学生软硬不吃。身为班主任的我，自然而然地担负起教育的责任。

班上典型的调皮生小钟，人高马大，软硬不吃，调皮是整个学校出名的。一接手，我就感到该生的不同，我了解到：他曾与前任校长打过架；在别的老师的课上翻跟斗、玩耍，出出入入、行动自如，高兴则来，不高兴人影也不见；走起路来，经过他身边的人，看不顺眼的，打一拳、踢一脚，捏一把，只要能惹得对方哭喊尖叫，或者气得发火却又无可奈何，他就觉得有滋有味；谁敢惹他，就算你是校长、老师，他也跟你大干一番，不然就是搞破坏、恶作剧。

凭着多年的教学经验，我还是较快地驯服了该生。在我的课堂上，他不仅能认真听，还能举手发言；只要肯监督他，他也能工整地做好作业；不会的，他会可怜巴巴、直截了当地对我说："老师，我不会，你教我。"教了还不懂，他会直挠后脑，直抹脸，甚至敲打自己的头脑："唉，我的头脑怎么这么笨！"，做卫生，他也能较积极地在现场打扫；平时搞脏了环境，让他清理，他也能顺从地清理，虽然嘴里还免不了要嘀咕几句；更可喜的是，到期末，每复习一单元考一单元的试卷他都很努力地考在 80 分以上。有一单元考得

糟，他气得直骂自己并把试卷都撕了，又向我要一张，要求重新再考，考虑之后，我答应了，他能有这份心，能有这份学习的念头，何必那么在乎成绩呢？

复习到第二单元"长方体和正方体"时，了解到学生对这一单元掌握最差，我特意花了很多时间、精力在这单元上。为了让学生能正确、灵活地解题，我要求每位学生都能背好这一单元内的所有概念、公式。这对该生来说，当然是头疼的"天文地理"，复习课上，他因没能记住公式，不能灵活解题，悻悻地坐了好几节课。看他那样子，我决定给他补一补。我让他晚上到我办公室，晚上他如约而来，我让他背公式。看着那些公式，他愁眉苦脸地对我说："老师，我从一年级到现在从没背过任何东西，我真的背不下来。"瞪着他，我毫无商量余地地说："凡事都可以从第一次开始。从没背过，今晚就第一次背。给你20分钟时间背，等一下我提问。"20分钟后，提问他，他却一句公式都搞不懂，还向我"讨价还价"："老师，我明天背吧！"我有点生气了，撂下话："你现在要是不把这些公式背下来，从明天起，老师再不提问你，就算你举手，老师也不让你回答。"为了给他点"厉害"尝尝，也为了维护自己当老师的尊严，第二天的两节课我一次都没叫他。第一节课他相当积极地举手，到第二节课，他泄气了，举了两次手，见我还是不叫他，就伏到桌子上了，我也不理他，当作没事儿一样。放学了，有学生告诉我该生哭了，我一愣，旋即心里明白：是我伤了他的心了。我把其他学生支开，走到他身边，叫他不要哭了，没想到，先前还没哭出声音的他这回竟"呜呜"地哭出声来，还伴着剧烈的抽噎。我有点不知所措，不断地安慰，我劝他，只换得他哭得更伤心。我心里暗暗责备自己：平时那么专横、无畏、豪气的男孩今儿个竟哭成这样，有谁会相信？我真伤了他的心了。

怎么劝也劝不动，没办法，只好叫平时跟他相处友好的学生去劝他，我走开了。一会儿，我不放心，又跑回班上看他，虽然看到人在外面了，却老远听见他踢门的声音，见到我，扭头不理我就跑了。

我一直在想：今天真是伤了他的心，伤了他的自尊。自己真不该那样对待他。一个从没背过书的调皮生，为什么一定要让他在短时间内背下那么多的公式呢？我是在以优生的标准要求他啊！前一节课他已非常努力地表现了，我却视而不见，故意要让他难受、丧气。或许他那么伤心地哭并不完全是因

为我不叫他，但终究是引起他哭的"导火线"。先前他那样踢门，应该是故意吧！明天，明天他会怎样表现？会继续故意破坏学校财产吗？会来上课吗？会专心听课吗？我把一个自己好不容易拉扯上进的学生的进取心打击了，明天该怎样去挽回呢？教书，更重要的是育人哪！这一晚，我辗转反侧，彻夜难眠。

偿还心债

◇ 戴幼芬

我和他有一段非同寻常的故事……

他，小鹏，一个颇有几分傲气的优等生，是校园里小有名气的"才子"，曾在学校、学区级作文竞赛中夺魁。因为工作关系，我教了他一个学期的语文，在这之前，我教了近十年的数学。

当时的我带着襁褓中的儿子，面对从未接触过的高年级语文教材，常常忙得焦头烂额却又不得要领。为了备好一堂课，名目繁多的各种参考资料摆满了我的案头。我花费了不少时间备课，可每次走进课堂总还是有点茫然，讲解课文时，不是东丢一句，就是西落一点。唯一的感觉是，语文这门功课怎么就这么繁琐。

知道老师在语文教学上是"新手上路"，大部分同学都敢怒不敢言，随着我的讲解零乱地做着笔记。唯有他——小鹏，从不宽容我的失误，总是毫不留情地指出我课堂上出现的错漏，给我制造了一次又一次的尴尬。为了掩饰内心的恐慌，维护自己那点可怜的师道尊严。我"倚仗"自己为师者的身份对他横加指责，训斥他不懂装懂，搅和课堂。

慢慢地，我发现小鹏不再像以前那样，带着发现问题的态度专心听我的语文课了。而是和周围的同学肆无忌惮地交谈，一点都不顾及我的颜面，成绩也自然而然地下降了许多。学区作文竞赛时，我把班级里仅有的一个名额给了他。谁知他却不领情，冷冷地回应我："你不会教语文，我当然就不会写作文了，我不想去丢人现眼。"当时的我被噎得脸一阵红一阵白，想狠狠地批评他一顿，却觉得底气不足，只好把无名火窝在心里。

开家长会时，我抓住泄怒的机会，把小鹏的种种"罪状"向他妈妈控诉，

他妈妈当着我的面狠狠地批评他的无礼和傲慢。谁料他却当场反过来指责我，说我连基本的部首名称都会说错，有些词语的近义词、反义词自己都不清楚还敢去教他们……这些可怕的话语令我颜面尽失。本来我还想着借家长会的机会，让小鹏领教我的威风，从而乖乖就范，没想到却越闹越僵，也使我看他越来越不顺眼。

有了这层深深的隔阂，我和他从此走向了陌路，彼此互相漠视着。即使是后来我不再教他了，偶尔在校园里遇上，我们也不像平常师生那样互相问好，而是有意无意地躲闪着。

时间无声地流逝，现在的他已升入六年级了，而我也重新回到了我的老本行，教着我得心应手的数学。蓦然回首，我的心里不时闪过一阵阵不安和愧疚。我不知道当时我带给他的是一种怎样的伤害，它们是否已被时间冲刷了。我负着一笔心债，老是感觉惴惴不安，却没有勇气去修补自己的过失。

去年九月份，我加入了课改实验的队伍，在新课程理念的熏陶下，我的教学思想和教育行为渐渐地改变了。新课程所倡导的民主、平等、和谐的师生关系，给我的教学带来了一个个惊喜，也不经意地触动我心中那一个似乎淡化的疤痕。在午夜辗转反侧中，我看到自己那令人恐惧的"暴君"嘴脸，也看到那一颗无端遭受伤害的稚嫩的童心。这笔心债，在我心里，越来越沉。

想到他曾经那么喜欢阅读各类文学作品，那么喜欢写作文，却因为我的原因而厌倦作文，我的自责和愧疚不断加剧。我想：我应该放下架子，主动求和，寻找和小鹏冰释前嫌的机会，以弥补我曾犯下的罪过。

夏日的一个傍晚，我漫步在校园的小径上，看到小鹏一个人驻足在宣传栏前。于是我走了过去，很亲切地问起了他最近的学习状况。虽然对我的到来他觉得很突然，但还是很有礼貌地回答了我的问题。想到曾经的错误，我鼓起勇气微笑而真诚地看着他说："小鹏，以前你确实给老师制造了很多难堪，而我对你的做法也很过分。今天我向你道歉，希望你能谅解。"小鹏一下子懵了，脸部的线条柔和了许多，结结巴巴地说："没、没关系。"

这以后，我请他到家里来，和他促膝长谈，与他坦诚相见，交流对往事的看法，争取他的谅解，让他明白老师不是全能的，有时难免会有知识上的盲区，不要把老师"神化"了。如果时光可以倒流，我一定会非常虚心地听取他的建议，和他们共同学习、共同探索的。提及他荒废已久的写作兴趣，

我愧疚而真切地希望他喜欢阅读更要善于思考，多练笔，争取在写作上有所作为，同时把叶澜教授"不要把阅读的广度代替思维的深度"的话用毛笔精心写好，装裱后赠送给他。

渐渐地，我发觉他敌视的目光消失了，在学习上遇到什么问题也会主动地来找我商量对策，而我也能以平等的态度和他共同探讨。一次我和他为"网络带给青少年的是利大还是弊大"争得面红耳赤，最后还是他以雄辩的口才和大量的事例使我心悦诚服地同意了他利大于弊的观点。

这件事情对我触动很大，使我常想起曾经的一句话"为师莫忘少年时，常与学生心比心"。是啊，学生虽是接受教育的人，但他们更是活生生的、发展中的人，难免存在不足与缺憾，需要老师的关爱与尊重。作为教师，我们也曾经年少轻狂过，曾经鲁莽冲动过，今天更应该站在学生的角度换位思考，给他们以理解、支持、尊重、信任，才能让他们"亲其师，信其道"，使他们从不成熟到成熟，从不完善到完善，获得真正意义的成长。

是课改，给了我修补遗憾的机会，使我今天有勇气放下架子，和小鹏同学握手言和，成了无话不谈的好朋友。

是课改，给了我偿还心债的机会，使我今天终于有勇气面对众人，剖析自己的内心，正视自己当时的错误。

无法弥补的心灵亏缺

◇ 毛孔荣

当我读到张文质老师："生命化教育要求始终指向一个永无重复、永无穷尽的个体，始终以成全每一个健全和富有个性的人为自己最根本的目的"这句话时，我心中便涌起一阵难以挥去的愁绪。浓浓的愁绪里埋藏着无比的惭愧，记忆中五年前的一节五年级语文课蓦然浮现，让我在无法弥补的自责中再度感到心灵的亏缺。

那是一个逼近寒冬的日子，我在一所离镇45公里的山村小学任教，山上翠竹青绿，让我们感受到农民冬笋收获的时节来临了。记得是个星期五下午，我给五年级上《少年闰土》课文的最后一个课时，课上得有趣轻松，课末我意犹未尽，想拓展延伸学生的思维。便问："学完这篇课文后，你最大的感触是什么？"同学们各抒己见，争先恐后发言。很快，我注意到班上平日里较活泼，发言也比较踊跃的王宁（化名）同学一言不发，有点精神恍惚地坐在那儿，对于我提出的问题他似乎不感兴趣。正因为别的同学在踊跃回答，我也就没多在意他。王宁家庭背景比较奇特，父亲跛脚，母亲奇矮，走路都有困难，可以说这个家庭的组合是揽尽了天下的不如意。王宁5岁那年，父亲由于生活所逼，穷困难耐，服毒身亡，由于王宁出生是剖腹产，母亲又奇矮，故不能再生育，继父又给王宁抱养了一个妹妹，表面上看家庭生活正常，就是穷苦一些。我想今天他可能是家里又遇到什么事了。这时，下课铃声响起了，我正想简单总结一下学生的发言便下课，王宁突然"嚯"的站起来，眼直直地瞪着我问道："老师，您说，人活着到底是为了什么？人死了有没有灵魂？"同学们都笑起来，这时，我想到课堂上他的表现比较反常，现在又提一个与课文无关的问题，看来，我得慎重回答他。于是，我说："现在已经下课

了，你问的这个问题，下星期一上学时，我再找时间和你一起讨论好吗？"从他与我对视的眼里，我似乎读出了他的期待，可急于赶车回家度周末的我还是匆匆地收拾完东西走了。

星期一，我准备好了王宁问题的讨论走进教室，我发现，今天的班级不同于往日，出奇的静，静得让人感到压抑。我正要询问，班长站起来说："老师，王宁永远不会来了，他今天早上死了……"我的心忽地下滑，一阵冷直袭心窝，望着王宁空空的座位，我悔恨无语，星期五如果肯多留下来几分钟，哪怕是简简单单地与他……也许他不会走，也许可以改变他的一切，也许就能树立他活下去的信心，也许就是他照样走了，也让他脑中的问题得到答案而走得满足些。我虽然知道他的家庭情况，但我没想到他会为了继父卖了他挖的几斤冬笋买烟抽而去服毒自杀，走他父亲走过的路！我到他家时，他的书包还端端正正地挂在床头，红领巾也平平整整地叠在书包里。我终于从他的邻居和妹妹的嘴里知道了他活得如此痛苦：对继父的叫骂不敢顶撞，只是独自躲在角落里哭泣，半夜总在被窝里捂被嚎叫。虽然人类的痛苦很早就存在，每个人的生命之始由号啕痛哭展开，又在别人的痛哭中离去，但对他来说，死神还是过早地来临了，他才十三岁，十三岁还是一个孩童啊！不是说孩子的童年是认识世界和不断获得的过程吗？可我分明看见王宁丧失了活力，但就是没有伸出温暖的手去拉一拉他，让他就轻易失去了生命，而且带着我没有给他答案的问题走了。

多年过去了，我时时在反思与自责中度过。课改的理念渐渐成为更多教育者的共识，人们都在认真思考的问题更多是如何改变学生的学习方式，如何改变教学方法，如何打破传统去迎接创新的挑战，这些固然十分重要，但我更觉得应该去关注学生这美好可爱的生命个体，关注他们每天在你面前闪现的点点滴滴，真正地走进他们的生命，与他们融为一体，教给他们热爱学习、懂得学习的同时，更要教给他们如何挑战生活中遇到的困难，如何快乐地活着，好好地做人。生命化教育解读中说得好：生命化教育始终相信人，始终相信生命的意义，始终相信教育能不断战胜愚昧、粗暴、狭隘、卑俗，走向光明、慈祥、辽阔、和谐，教育以人性的方式，使人最终赢得解放，它的成全之道从提高自我生命质量开始。作为一名教师，总不甘于一辈子做一名"教书匠"，总想有自己的东西，有自己的教学风格。但我想如果不能以慈

爱、和谐、人性教育的方式去解读你身边的每一个孩子，即使你在课堂上驾轻就熟，即使你总结的教育理论如大海般辽阔，充其量只能称之为"教者"。

从各界媒体中我们经常可以看到学生如何轻生，如何走上犯罪的报道，许多的案例终其原因却是从鸡毛蒜皮的小事开始。许许多多的人在追究责任时，我潸然泪下：孩子的生命只不过是一根长得翠绿的苇草，是自然界最脆弱的东西，一口气，一滴水都足以致他死命。看来，轰轰烈烈搞课改的今天，教育孩子珍爱生命该成为我们首先必须探讨的问题了！

许多的日子我在自责中度过，痛定思痛，痛何如哉！但愿我们的教育不再伤痛！

无辜的孩子

◇ 王　梅

9月1日正式上课了，居然还有人插班，还是昨天摸底考成绩特差的。（学校规定插班生都要先考试，合格的才收下）不是已经和教导商量过了吗，成绩差的一个也不要，怎么还让她进来？这样的学生放哪个班老师都不乐意。于是同年级的老师就去质问教导："不是我们普及区的范围，干吗收进来添麻烦？学校丝毫不为老师着想，多一个成绩差的学生有多头痛！"教导无言以对，说："既然大家都不愿意，那就别收了吧。只是那家长怪可怜的。""可怜？谁可怜过老师！"……老师们气愤得大发牢骚。事实上每年的质量检测老师们都有苦难言，学生的考试分数和老师的业绩考核挂钩。说是考学生，还不是考老师？谁愿意背个"包袱生"呢！

听说该学生的家长前三天就来到学校，他矮小的个头，大约四十来岁，可岁月沧桑的痕迹使他看上去有五十多岁。三天来，他在校长、教导办公室该说的没少说，该做的没少做，一直等到今天，教导只能对他说哪个班级人数少就去哪个班级报名。本来以为教导这样的答复肯定没问题了，只要再找这个年级的老师就行了。他顺着走廊逐个班级问过去："给我孩子报个名吧，老师。"他说方言，带着浓重的外地口音，结果都得到同样的回答："我们班学生数太多，挤不下，你还是回到原来的学校读吧。""我……"他试图解释一下，好让老师明白孩子学习差的原因而收下他的女儿，可是没等他说完，老师就叫他出去了。

他带着自己的女儿在这陌生的学校的台阶上坐了好久。在这个学校里，他能怎样呢？看着别人的孩子都已拿到新书坐在教室里安然地听老师讲课，自己的孩子却默默地跟着没用的爸爸来回地走着，他只能深深地自责。他想，

现在的农村实在没钱赚，自己从偏僻的老家好不容易来到县城踩人力车赚几个钱，也想孩子能够受到县城里好的教育。老家有所学校，他们的老师耳朵聋得连打雷都听不见，如今十二岁的女儿就是这样被那个老师耽误了。本来都应该读五年级了，可是因成绩太差，这里四年级老师都不收。他不知道这里报名读书有这么难。

一天又快过去了，这对父女在这个教室门口站着，那个教室窗户外面瞧瞧，他们不甘心就这样离开，特别是女儿那种无奈失望的眼神让做父亲的感到揪心。这一天从他们身边走过不少老师，都用异样的眼睛扫视着他们，只要有人问他们干吗的，做父亲的都要把自己的情况说明一下，希望有人能够帮助他说服该年级的老师们，希望有哪个好老师开个门让他的女儿进去……

老师们在"没有差生"、"关爱每一个孩子"的口号下上演了"差生，你别进来！"的一幕。试想，那个父亲也许带着女儿跑过县城里的其他学校，如果都遇到类似的遭遇，最终会怎样呢？那只有两种可能：女儿辍学在家或者回到原来学校让那个耳聋的老师继续"误"她。进城读书的梦想在孩子心中破灭了，希望将成为泡影。冰冷的世事可能使一颗追求上进的幼小心灵从此开始"冰变"。

花朵的叹息

——写给一位民工的孩子

◇ 陈铭婉

最近，又有一个民工的孩子溺水死去了。由于种种条件的限制，这些孩子绝大多数都处于"放养"状态。这些"放养"的孩子生活在一个比一般孩子更危险的环境中。因为父母的疏失以及居住地环境存在的安全隐患，他们不断地遇险甚至遭遇死亡，他们有的被电死，有的在轨道上被火车撞得粉身碎骨，有的被遗弃的水坑吞没了，我们在为这些夭折的生命扼腕叹息时，还能留下什么思考？

孩子，当你的头顶被池水没过的一刹那，你的心里一定还惦记着妈妈答应买的香喷喷的鸡翅（虽然这已是城里孩子吃腻了的东西），你的脑海中一定还浮现出爸爸说过的美丽无比的大学。我知道，你从不怀疑你的未来属于这座美丽的城市，你坚信自己将拥有一个幸福的明天。

你是一位民工的孩子，你跟城里的孩子一样，也是爸爸妈妈的心头肉，你也跟城里的孩子一样拥有黑漆漆亮闪闪的眸子，跟他们一样机智聪明，甚至比他们更勇敢、更勤快。你的爸爸妈妈用粗糙的手、弯曲的脊梁为这座城市搭起了一座座高楼大厦，为了你不再像他们那样辛苦地劳作，为了你将来也能住在这样的钢筋水泥的屋子里，你被他们带到了这个城市。虽然你们现在只能住在工棚里，虽然你们的"家"里只有一台小小的黑白电视机，但你们都相信这只是暂时的。

你跟着爸爸走进了城里的学校，你没有上过幼儿园，没法像城里的孩子一样大方响亮地唱歌讲故事，也不会写自己的名字，更重要的是，你没有这个城市的户口，因此你被婉拒在这有花有草有明亮教室的校园外。有几个也

是来自乡下的孩子比你幸运，他们的爸爸托熟人找关系让他们进了这座校园。可是你不能，你的爸爸没有熟人也没有关系。路总是有的，你进了一家私人办的学校，虽然这里的教室不够宽敞不够新甚至还有些暗，虽然这里没有那宽阔的操场红红的跑道，虽然这里的桌椅伤痕累累摇摇晃晃，但这些都不要紧，这不妨碍你把字写得工工整整。你很快就喜欢上了这里，喜欢上了读书，尽管从"家"里走到学校要走一段很长的路还要转两趟车。

你每天都可以得到老师奖励的小红花，爸爸说他一天中所有的劳累都因此一扫而光，这一朵朵红艳艳的小花一直盛开在他的心里头，为他疲劳饥饿的身体补充源源不断的能量。为了能更早实现你们一家人的愿望，你的爸爸妈妈不断地加班挣钱。你是个懂事的孩子，你从不吵着爸爸妈妈回家陪你，你还笑城里的孩子太胆小整天要人陪着护着。你没有什么像样好玩的玩具，放学后做完作业后你总是自己在工地附近的土堆边、石灰池边玩耍，土堆里的沙砾、水坑里小鱼都跟你没碰过的遥控车一样让人着迷。可是这次你没意识到，这是个阴雨天，你就这样滑进了这个不知谁挖的、早该填平却未填平的石灰池……

早晨的阳光一如既往地洒满整个城市，你的小小的身体浮上了水面。父母亲撕心裂肺的哭喊淹没在城市忙碌的噪声中，那贴在墙壁上的小红花仿佛在为你的离去轻轻叹息。没有谁为这件事进行过调查或反思，更不用说有人来为你的死负责了。你的生命像田边的草芥一般卑微脆弱。你将在天堂里与许多跟你一样小的灵魂相遇，因为一年中总有许多民工的孩子因为意外而失去了生命。

每一个孩子都是一朵花，有的花儿长在水分充沛阳光普照的花园里，有的却开放在阳光照不到的角落或没有护栏的土堆边，这样的环境可能使他更坚强更茁壮，也有可能使他遭受被压伤踩扁的命运。你就属于后面的一种。

孩子，也许天堂的花儿会为你开放，但它肯定没有人间百花如此明艳的色彩。当下一个春季来临的时候，我希望世间所有的花朵如期绽放。我知道，你的想法也跟我一样。

孩子，我欠你们太多

◇ 薛彩云

今天早上上完第一节课后，我在办公室看孩子们的周记。当我打开小威的周记本时，我惊呆了：他上一周的周记没有写，居然把本子交上来滥竽充数。我气极了，不由回想起开学初刚接班时小威的原任语文老师对我说的话："小威能换到你班，我很高兴！这孩子花言巧语，很会骗人。"看来，沉寂了几周之后的他又故伎重演了。怎么办？我思索着，却找不到好办法。

下午，我刚到校，就在操场上碰到小威。我问："小威，你上周的周记没写？"他回答："噢，我写在另一个本上了，本子交错了。"我又问："为什么要换本子呢？"他马上接口道："老师，您不是说过我那周记本太小了吗？"原来是场误会！我心里暗暗庆幸：幸好没有无端地批评他，孩子总会进步的嘛！作为一个教师，不能总用旧眼光看学生。再说，开学初，小威刚买回本子时，我的确曾对他说过本子太小了。没想到这孩子这么有心，没过几周就自觉地把本子换了。我心中一阵高兴，为小威的转变而感到欣慰。

来到班上，我亲切地对小威说："小威，把周记本给老师。"小威就开始掏本子。谁知，找了好一会儿，却不见他把本子给我。我有点诧异，语气也不知不觉地加重了："本子呢？"他完全没有了刚才的对答如流，吞吞吐吐地说："没……没有。""怎么会没有呢？"我反问。他一言不发，继续"翻箱倒柜"。又过了许久，还是不见周记本，我有点恼火了。"把书包里的东西全倒出来！"我厉声命令道。他犹豫着，似乎害怕什么。在迫不得已的情况下，他把书包翻了个底朝天，我仔细一看，哪有什么周记本。我有种被欺骗的感觉。天哪！小威真是一个会骗人的孩子。今天，居然骗到我的头上来了！我最不能容忍爱撒谎的孩子。第一节是自然课，我跟老师说明情况之后，便带着小

威来到办公室。办公室里只有我和小威两个人，我怒气未消，大声质问："你为什么不写周记？"他说："忘了。"这是所有不做作业学生的共同理由。我火冒三丈，生气地批评道："你没做作业，老实地承认错误，老师还可以原谅你。可是，你不但没做作业，还要欺骗老师，这是错上加错。我最讨厌不诚实的孩子，你懂吗？"小威似懂非懂地点点头。我还想继续对他进行教育，却看到他有点异样，便问道："你怎么啦？"他怯怯地说："我尿急。""那去尿吧！"说着，我拉开了门。可他却纹丝不动。我反问："怎么不去呀？"他羞答答地低着头，不吭声。我低头一看，呀，尿早已顺着裤管悄然滑下，流过双脚，在水泥地上蔓延开来。我有点愧疚，轻声问道："你为什么不早说？"他的声音细如蚊叫："我不敢。"迟疑了很久，他又说："我生病了，中午水喝多了，忍不住，就……"他不敢说下去了。我无言以对，陷入深深的自责之中。

小威还愣愣地站在那儿，我赶紧拿了条毛巾让他把裤子擦干。我问道："你妈妈在家吗？""不在，出去帮我爸爸做事了。"他回答得很干脆。那么，只好让他委屈一个下午了。我心想。小威擦了很久，裤子还是湿湿的。他也许觉得难受或者难为情吧，又告诉我："我奶奶可能在家里。"我一听，便知他的心思。还没等我说话，他便征求我的意见："老师，我回去换条裤子再来，好吗？我家很近。"我怕他有什么意外，再说我对他的尿裤应该负完全责任，我怎么能让他独自回去呢？便对他说："老师送你回去吧！"他一再推脱，我仍不放心，便带着他下了楼。

我骑了摩托车，小威坐在后面。车没开多久，便到他家了。可是，他家大门紧锁。正当我们想返回时，一位老奶奶从不远处走了过来。小威告诉我那是他奶奶。我便上前跟她说明事情的来龙去脉。她听后，十分感激，带着孙子上楼换裤子去了。

小威换好裤子，我们一同回校。刚到学校，第一节下课铃响了。我带着小威回班上课，同学们没有觉察出什么，我稍稍放心了。

第二天，我刚到教室，小威便递上他的周记本，对我说："老师，我周记补了。"我很惊喜，没想到他这么快就把周记补上。我翻开他的周记本一看，果然已补上一篇周记，书写比往常工整许多，可见他费了一番工夫。

当天下午进行语文单元测试，小威自始至终都很认真、专注，成绩比第一单元进步许多。看来，尿裤事件对他触动挺大。他已感受到老师对他的关

心和信任，他已决心改正以前不良的行为习惯。

　　每一种植物都渴望得到阳光和雨露，每一个孩子都渴望得到老师的关爱和理解。老师的一个灿烂的微笑，一句温暖的话语，一次温馨的关怀，都会在学生纯洁的心田里留下美好的回忆；老师的一个严厉的神情，一句刻薄的话语，一次错误的批评，都会在学生成长的历程中留下可怕的阴影。我不断地反省自己的行为，不断地对自己说："孩子，我欠你们太多！"

孩子，面对你们，我想了很多很多

◇ 九　歌

6月3日，我一整天心里都很难平静。直至夜深了，还久久难以入眠。两个小学五年级的小学生的不同"极端的表现"，那位即将退休的、一向寡言的小学校长的悲怆痛哭、顿足拍案，全体教师饱含热泪、痛苦无奈的表情，刚参加工作的年轻女教师泪流满面的泣诉，让我十分心痛难过，想了很多很多……

最近，接到家长打到中心小学的电话，反映下属这一所小学课堂常规不正常。这所学校校长是兢兢业业的"老黄牛"，历来治校严谨，究竟问题出在哪里？中心小学班子迅速组织人员到学校调研，了解情况。我们一进入学校办公室，校长从教学楼走进来，坐在办公桌前，表情忧郁，一言不发，实在不是待客之道，何况还是"上级"到校。我便笑了笑，主动对他说："怎么了，不高兴？"还是一言不发，几位教师忙搭话："我们校长最近有点烦！"为了缓和一下气氛，我对一位擅长音乐的年轻教师打趣说："李老师，你的歌声很动听，年轻教师也不少，平时应多唱唱，活跃活跃气氛，驱驱校长的烦躁。"还是一言不发，我们几位交换了眼色，都莫名其妙。无奈，我示意一位年轻的教师到办公室外了解情况，这位教师介绍说是一位五年级的调皮生搅得学校无法正常进行教育教学工作，校长心情不好。返回办公室，我们直入主题，向校长和教师了解情况，这时，校长和老师们像委屈的媳妇见到了娘家人一样，直倒苦水，据介绍，五年级这个学生带头在学校捣乱，指使胁迫学生破坏课桌椅、窗玻璃，上课时间随意走动，不仅不听劝告、教育，而且谩骂甚至于威胁校长、教师，说理教育无效；进行家访，家长表面进行教育，实际上其父母在乡村里与邻里之间关系也并不好，偶尔对孩子进行教育，无

非是棍棒相见。学校想方设法请派出所干警、村书记、主任、这位学生有威望的亲属等到学校协助教育，不仅没有效果，而且每一次教育过后，破坏活动就会变本加厉。虽然校长和老师们介绍情况时声泪俱下，我们还是将信将疑，以为这未必完全是真实的，是不是耸人听闻？

我们几位决定到班级看看，这时是上课时间，我们刚从楼梯上了二楼，就见一位长得十分壮实的染发男孩在走廊里走动，一副若无其事的样子，这间教室看看，那间教室瞧瞧，见我们走过去，才大摇大摆踱步走进五年级教室坐到最后一排开始上课。教室里，教师正上着课，果然如教师所言，不少的课桌椅、窗玻璃受到破坏。

回到办公室，中心校长决定与这个学生谈谈，以下是中心校长（以下简称长）与这位学生（以下简称生）的谈话过程：

长（温和地）：你就是某某学生？

（生抬眼瞧了一眼，闭口缄默。）

长（亲切地）：孩子，你怎么染发了？

生：咋啦？不行吗？

长：小学生不行。

生：染发的人多了，又没有人管！

长：按照学校的规定，小学生不许染发。怎么我们刚才见你上课时间随意出来走动？

生：是的。

长：为什么？

生：不为什么。

长：听说你在学校不好好学习，带一班学生影响班级、学校的纪律？

生：谁说的？谁抓住我了？

（转过头狠狠瞪了小学校长一眼）

长（耐心地说服）：你还小，今后的路还很长……

（生一言不发）

中心校长看看谈话无法进行下去，也停止与这个学生交谈了。这时下课铃响了，这个学生一点表示也没有，扬长而去……

老师们课间都来到了办公室，这时，一个学生背着书包尾随吴老师走进

办公室大门，在门边低着头，蹲了下来，我觉得有点怪，向老师们询问。大家告诉我们，这也是五年级的学生，从一年级开始，每天课间、放学都要跟着老师，寻求保护，否则从一年级到六年级的学生都会欺负他。老师们介绍他的情况过程中，我见这个孩子头低得快躲进了裤裆里了，身体快蜷缩成一团了。听到老师们的介绍，亲眼看到这孩子可怜的样子，我感到内心十分震惊，心里隐隐作痛。我制止了老师们的继续介绍，轻轻走了过去，蹲在孩子跟前，抚摩着他的头，尽量用最温柔的语气对他说："孩子，抬起头，对，勇敢点，抬起头，看着老师……"随着孩子抬起头，我看到了一双怯生生的双眼泪水盈盈，我的心一阵绞痛，我们当面对他的关切，老师们毫无遮掩的介绍，虽然是一番好意，却不慎又一次重重伤了孩子快要丧失殆尽的自尊心。我拉着他的手对他说："孩子，别怕！老师带你出去走一走。"他低着头，顺从地跟着我走出了办公室，我与他边走边聊，我问他："你在学校没有朋友吗？"他摇摇头说："没有，一个也没有，他们都要打我！""那么，你在学校里没有兄弟姐妹或者亲人亲戚吗？""我只有一个姐姐，已经不在学校了。""老师带你出来走走，你高兴吗？"他露出了难得的笑容。

这时，一个小男生好奇地靠过来，倾听我们的谈话，我询问得知他是二年级的学生，便对这个小男生说："你带这位哥哥一起到操场走走玩玩好吗？"见小男生笑着点点头，我用鼓励的语气对那个可怜的孩子说："你大胆一点，到操场玩，老师在这看着你。"这孩子点点头走进了操场，可还是几次不放心地回头望望我，似乎担心我走开。看着孩子逐渐欢快、活跃的身影和动作，我心里一阵欣喜，为自己能够给这个孩子带来短暂的欢欣而高兴，我似乎看到了一丝希望……

突然，一个高个男孩从操场一边飞速奔跑过来，对着那个可怜的孩子就要扬起"南拳北腿"，我赶忙大声吆喝："不许动！你再欺负他，我对你不客气！"高个子见我手指着他，才收回了拳脚悻悻地走开了，那个可怜的孩子却抱着头，蹲在地上……我的心不禁悲凉起来，心里想：孩子呀，为什么你不能大胆地还手？只要你不要蹲下，勇敢地迎着对面的拳脚，我都会为你高兴的。

第二天，中心校召集村委会、家长、派出所到学校协调研讨，那个"捣蛋"的学生由家长暂时领回家里教育反思，约定等认识到位再来复学；那个

"软蛋"学生，中心校要求班科任教师要采取措施，用心引导，逐步培养其勇敢自立的品质，中心校将跟踪教育情况。

过后我想了很多很多……

首先，我知道本来不应该这样想，也不能这样想，但面对这两个孩子，这种想法却无法阻挡地涌进我的思绪，大自然有一条法则：弱肉强食！这条法则在人类社会某些时候起着作用，这是不是在校园里也是一条"潜规则"？

学校里，我们的学校教育尽责了吗？我们历来太重视孩子知识的获取，智力的开发，对如何做人，对青少年的思想品质的教育的确忽视了。家长关心的是今天的功课学得怎样，作业完成了没有；教师关心的是课堂教学知识的传授，考试的成绩；学校及行政部门重视的是升学率、名次。有谁关心孩子的理想道德教育、人生观教育、价值观教育，关心学生在学校与同学如何相处，如何做人？谁关注孩子的生命、生活状态？德育说起来是首位，做起来确实只是应付了事……

学校教育的作用究竟有多大？有一个很著名的等式 $5+2=0$，说的是学生在学校接受五天正面的教育，回家、走进社会接受两天负面的教育，学校教育效果荡然无存。这种说法虽然有些偏激，但却也多少反映了学校教育的无奈，政府、社会、家庭、各相关部门对青少年的教育责任究竟尽了多少？

此外，教育政策、方法如何把握、如何改进，才能正确发挥教育效果？比如前述这类孩子的教育，老师们只能正面教育，当遭受谩骂、威胁时，却无可奈何，因为教师的自身的修养、素质和一系列的规范、规定、为师忌语让教师们面对这类问题、这类孩子时确实无能为力。不能伤害孩子的自尊心、不能体罚或变相体罚学生，所以在正面教育、说理无效的情况下，让家长把孩子领回去实际上也是无奈之举。难道就这样把孩子推进社会了事？我不由想起前不久一期《实话实说》节目里一位校长说过的一句话，他说，当孩子已经处于人与鬼边缘时，正面教育无效时，给一个警醒是十分必要的。随后他介绍了一个教育案例：有一次，当他走进办公室时，一个学生坐在他的靠背椅上，双脚伸到办公桌上，校长让他放下来，孩子瞧了一眼，无动于衷；校长让带着孩子到学校的家长劝说他，家长劝、骂也无效；这时校长让家长离开，把办公室门关上，然后出其不意大声吆喝一声，把学生的脚往后一掀，

学生向后被摔到地板上，而校长早已准备好，用脚挡住学生摔下的头部。这一次，给这个学生一个有效的警醒，取得了独特的教育效果。我们不能仅仅赞叹于这位校长的教育艺术，更重要的是如何从中借鉴有效的经验……

还有，这两个孩子的将来会是怎样的？

真的，这一次，面对这两个孩子，我想了很多很多。

我是真诚的

◇ 施同毅

我刚坐下，身上挂了彩的小李就哭哭啼啼地走进办公室，我的心枯力竭之感油然而生。

刚才领导找我谈过话，大意如下：最近班上的形势又不对劲了，"右翼分子"有抬头的趋势，从前屡禁不止的违法行为又开始蔓延，提醒我要认真地反思一下，先前的那一套方案是否还行得通？而后又推心置腹，语重心长地说：年轻人有创意是好事，但你要在短时间内改变他们不是容易的事，多向那些有经验的老教师学习学习吧！

我随着低头抽噎的小李走进教室。这是个喧闹的"市郊天桥"，吆喝声此起彼伏，那架势比走江湖卖膏药者还地道。打了胜仗的阿涛正在跳脑白金广告中的夏威夷草裙舞，当他转到我跟前时，就成了一尊凝固的雕塑，手臂打着波浪，屈腿送臀。我知道他内心极端地扭曲了，以至多肉的脸已变形。班上瞬间的安静之后又轰地一声炸开了，在起哄声中阿涛灰溜溜地收场。当他们的眼神不受阻挡，投到我脸上时，教室里顿时鸦雀无声。看着他们略微张着的嘴，我扯了一下嘴皮，冷笑道：我才发觉你们都是 O 型血。换了平日，他们必又被我的幽默逗乐。察觉苗头不对，一个个板上钉钉地把空座位都填补上。

心中的怒火与烦躁冲眩着，我恨不得来个标准的侧踢把那个惹是生非的家伙一脚踹到窗外去来个自由落体，相信窗玻璃会作轻微地震荡。我那令人不寒而栗的眼神没有一个学生能接受，全是霜打的茄子，蔫了头脚。我想学一次泼妇那么淋漓尽致地骂街，随便把哪个祖宗十八代或子孙二十代都辱没一回，只求个痛快。我不会，也不知从何骂起，我知道自己一开口就是：怎

么说的？你瞧你们怎么说的？唉，这是哪门子的骂哟！老掉牙的好孩子理论他们都听出耳茧来了，况且我比起那些对此侃侃而谈的老教师着实有一段距离。我只好，我只能面红耳赤地与他们对峙着，嘴唇发烫，干裂，用舌尖微微湿润一下唇面，又迅速地蒸发，且唾液使用过量，喉间干燥发痒，想咳嗽，又怕失去这追魂夺魄的气氛，我忍着蚂蚁群的骚动，脸越涨越红，该死的，该死的，下午天气骤然回暖，早晨御寒的棉衣此时裹在身上俨然成为一个密封舱，后背的汗珠虫子般往下蠕动。原先直立的左腿已麻木，我把重心往右腿移动，两肩绷直，用衣服左右摩擦一下身子。

我知道僵持太久，这固体般的气氛必将一点一滴地融化，而后所有的不安与惊吓又抛至脑后。局势对我是不利的。我脑子一片空白，但还是张开嘴，发出一个沙哑的音调，他们没有听清，反倒是有点可怜地望着我。

……

我是，真的，很真诚的——

我嘘了一口气，紧绷的神经松弛下来，胸腔空荡荡的不再憋得慌，血液也畅通了，身子轻盈了。这句话澄清并过滤着我无端的情绪，它像扩散的波纹，受众面越来越广，针对性也不再那么强烈；又似山谷里的回音，越传越失真，却呼唤着最深处的触动，牵扯着两条泪腺发酸发胀。

下——课——

我再度发出的因干渴而嘶哑的声调，令他们动容，而后愧疚，而后自责，而后捶胸顿足号啕大哭。当然，最后一点是我逃离教室时做的假想。

是夜。我亮起台灯，坐在桌前听回旋在房间里的钢琴曲出神。

下午的情景在脑海里放映式地闪过。当画面停留在搔首弄姿，有十足表现欲的阿涛时，我又忍俊不禁。这小子就是那么爱出风头，别说，平日他扮演老太太说话或满脸横肉的家丁或类人猿什么的特像，现在想起他跳的那舞还确有一股异国情调。才一米出头成天爱打架却一心想成为第二个牛顿的小李伤心时的模样倒也着实可爱。一个豆大的人，打的都是高他一个头或两个头的高手，当然，有打必输，有输必哭，每次都是向我哭救，令我在爱怜之余斥责他强有力又倍觉无辜的对手。在不知不觉间，我已成为他的保护伞，难怪他的气焰嚣张到要与"拳王阿里"那样的角色一决高低。

唉，我说什么了？怎么会这样——

"我是真的很真诚的"在寂寞的教室里浮动，显得那么无助，像漂游了许多路程后因承受不住压力而破碎的气泡，其充足的分量湿润着46座礁石。他们的沉默及女生小声的呼唤令我的心如刺针芒，痛而萎缩，强忍着他们回报我的92道眼神，终于，我把他们丢在教室里，连作业也没有布置就逃离了。

我的第一次失态。

——蓦地，屋外起了一阵轻微的声响，我回过神细听，很怪，沙沙的然后咚咚接着又停止，又响起。我拉开门，过道里微弱的灯光迷了人的眼，空无一人。地上一辆遥控小汽车正在重复着撞门框的动作，颤抖的天线上竖着一张小纸片，纸片上歪歪扭扭地写着几个字：老师，您还在生气吗？这群小鬼！我咧开嘴乐了。我捧着小汽车把它放在桌上，纸片高高的立着就像一面伪军的白旗在招摇。嘿，一群小影子并排立在桥上，亮着激光手电，一串红色的省略号似的。漆黑的夜里，传来了他们清晰稚气的喊声：老师——我们也是真的很真诚的——

我久久地呆立着，泪水模糊了我的眼睛……

孩子，你在害怕什么

◇ 周紫英

今天，有兄弟校的老师来听课，大家美其名曰"取经"。

第一节听的是一年级（3）班的数学课。当我夹着笔记本来到教室门口，上课铃已经响起。这时，一年级（6）班的吴老师急匆匆地向我走来，说："有个（3）班的同学还躲在花圃后面，我怎么劝他都没用。"我顾不上听课，也顾不上问为什么，三步并作两步朝花圃走去。果然，一个小男孩躲在花圃后面的水沟里，见我过去，他慌忙从水沟中跃起，把小小的身子塞进了教学楼柱子间的一个缝隙里。

孩子，你在害怕什么？

我轻轻走了过去，他紧紧地贴在墙壁上，双手不安地抖动着，似乎想从这个世界中逃遁。阵阵酸楚涌上了我的心头。我拉住他的小手，问："小朋友，你干嘛不去上课？"他看了我一眼，一声也不吭。"有什么事告诉老师好吗？老师会帮你解决的。"他还是不说话，怎么办？"不上课也没事，我们聊聊天，好吗？"他又看了我一眼，不置可否。"我很想和你交个朋友，能告诉我你叫什么名字呢？""××。"他的喉咙里发出了两个模糊的音节。"真聪明！"虽然我不知道他在说些什么，还是毫不吝啬地给了他表扬。"你爸爸在哪儿工作？""福州。"他清晰地吐出了这两个字。聊了一会，见他的情绪已经安稳下来，我转移了话题："你不去上课，是因为有同学欺负你了？"他摇了摇头。"是作业没完成，被老师批评？"他又摇了摇头。"今天老师要我们带学具，可我的学具丢了，被老师骂了。""你告诉老师学具丢了吗？""我说了，可是老师还是骂我。"

孩子，你怎么在关键时刻没带学具，今天你的老师要上公开课啊！我暗

暗想道。我不知道孩子为此遭遇到了一顿什么样的批评，以致他想逃离老师的视野，逃离课堂。但我知道这批评，这责骂一定不是年仅六岁，还不经事的幼小心灵所能承受的。此时，我只想问一问老师：如果你看到那瑟瑟发抖的幼小身躯，能安心吗？

　　我想带他回教室，可是说什么他也不肯。"不然，你跟老师去办公室好吗？""好。"他露出了一些笑容。在办公室里，我让他学习今天数学课的内容，他安分地坐在椅子上，专心地看着书。之后，我告诉他："我喜欢和你做朋友，以后有事可以找我帮忙，但是不能不上课，否则就没办法比其他小朋友聪明了。"他点点头同意了。

　　下课后，我把他送回了教室，并和他的老师进行了沟通。

　　我真心希望今天的这一幕不会重演，默默期待老师能超越一切功利，把孩子纳入自己的视野中。

老师，上一节音乐课吧

◇ 小 雪

"嘀嘀，嘀嘀"，我机械地从被窝里伸出手指按掉闹钟。此刻已是清晨7点整，可闹钟只叫醒了我的手指，却没能叫醒我的大脑。我努力睁开睡意朦胧的双眼，好让自己清醒，因为早上有满满的三节课。梳洗完毕后，我习惯性地从书架上抽出语文课本向教室走去。心里正琢磨着如何消磨这三节课的时间。哎，对了过两天又要单元测试了，让学生做练习吧！

刚走到教室门口，发现教室里安静极了，孩子们不像往常那样吵吵闹闹。看看手表，7：20，还没上课呢！怎么他们变得懂事了许多？个个都坐得十分端正，显得精神抖擞。今天是什么特殊的日子吗？咦，怎么每个同学的课桌上都整齐地摆放着音乐书？我正纳闷着，这时，大家见到我，坐得更加笔直了。晓岚打破安静："黄老师，这一节给我们上音乐课吧！半个学期过去了，可我们还没学过一首歌呢！""是啊！"……顿时，教室里像沸开了的油锅。

我愣住了，音乐课？这两年教师精简后，教学任务越来越繁重，我由一个专职的语文教师转变为身兼数职的教学人员，负责学校音乐、美术的教学。虽然有时很忙碌，也很疲惫，但仍沉浸在这快乐的教学中，从没怨言。但现在的我已再没有往日那满腔的工作热情了。再加上学期初，校长特别交待过，教育局今年恢复小学毕业考，为了让学生考好成绩，给学校争光，让教毕业班的我利用一些"可有可无"的技能课，给学生补缺补漏。要是从前，我是绝不答应的。我心底曾经多么希望我们的孩子能全面发展，而不是只做个书呆子。但现在，这一切对我来说都毫无意义，我开始麻木地执行校长的指示。所以，半个学期以来，所有的技能课都理所当然地成了语文练习课。孩子们也似乎习惯了我的安排。今天，他们怎么突然想起要上音乐课？莫非……非

得好好进行一次"思想教育"不可。我心中暗想，便三步并两步地走到讲台前，"安静!"我大声喝道，教室里立刻又恢复了安静。我便又一次开始长篇大论的"大道理"："我们已经是毕业班的学生了，必须珍惜时间，好好学习……""黄老师，您说的我们都懂，我们也一定会好好学习，可毕业考还有半年的时间，您就教我们唱首歌吧! 大家真的很想上音乐课!"班长丽丽站起来请求道。看着孩子们那渴求的目光，我的心一阵抽动，儿时的往事又一次浮现在我眼前。小时候，我也是多么喜爱音乐课，喜欢听老师优美的歌声，喜欢看老师唱歌时陶醉的表情。每学会一首歌时，更是心花怒放。曾在伙伴面前许下诺言，长大后一定要成为一名能歌善舞的教师，让每个孩子的童年充满歌声和欢乐。难道这一切我都忘了吗? 我曾一次又一次地问自己。不，我没忘，只是我不愿也不敢再想起这些，总是刻意地把它们埋藏在记忆的最深处。

永远也忘不了那一天，当我捧着一叠厚厚的荣誉证书，走进学区校长办公室，满怀希望地申请调动时，却被校长毫不留情地教育了一通，说每个教师都有义务做好教学工作，获得荣誉那也是工作分内的事，不值得一提，还让我返回原校好好反省，安分工作。那一刻，泪水不争气地溢出我的眼眶，我彻彻底底地在残酷的现实、冷漠的人情世故面前低下了头。我是一个农民的孩子，家里没有雄厚的经济能力去疏通关系，毕业以后在偏远的山区一工作就是四年。当身边的同事靠着各种关系、背景陆续被调入中心校后，我失落过，彷徨过，我发誓我要用自己的行动证明我的实力。我不断地学习，充实自己，终于这一张张荣誉证书证明了我的能力，我以为成为教学骨干的我也可以调动了，可校长那一席话犹如一盆冷水泼灭了我所有的希望，是我太天真，太幼稚，把一切想得太美好了……

"老师，上一节音乐课吧!"孩子们的声音又一次在我耳边响起，我的心又一次绞成一团，为自己所受到的如此不公平的待遇，也为这些聪明可爱的乡下孩子。我害怕在孩子们面前掉下眼泪，便匆忙地跑出教室……

孩子，请你回来吧！

◇ 黄贞枝

星期一早上，一走进教室，我就发现了一个空座位。我很纳闷，因为在一般情况下，谁要请假都会事先打电话的。我马上拨通了这个叫王××的同学家里的电话，没人接。我又拨了一次，还是没人接。这时，走廊的另一头匆忙走来一个中年妇女，那模样，一看就知道是王××的妈妈。

王××的妈妈一看见我，额头上的皱纹更深了。她焦急地说："老师，王××来念书了吗？"我说："没有，正打电话给你呢！"她呆了一会儿，然后很是气愤地说："昨天晚上十点钟，有一个男的打电话到我家找王××，我故意说不在。不一会儿，王××趁我不注意就溜走了，直到现在还没回来。"听了这个情况，我很吃惊。我叫她赶紧去找人，同时发动全班同学一起留心，有情况及时向我汇报。但我没跟同学们说是什么原因，只说王××去玩，还没回来。

三天过去了，王××还是没来上课。我打了几次电话，她妈妈都说正在找人。虽然孩子是在家中被叫走的，但作为她的老师，我还是有些担心。这个孩子给人感觉比较内向，上课很少举手发言，但学习成绩还可以。班上有两个女同学和她比较要好。经过询问，她们也不知道王××的去向，只知道她最近和几个社会青年经常来往，特别是一个叫"12"的人。了解到这些，我的心就更沉重了。

星期四下午，有个同学告诉我，说他在体育馆的旱冰场见到王××了。我听了马上赶到旱冰场。还好，人还在，正在高声谈笑。但是整个人的外形全变了：头发是拉直过的，额前的刘海剪成了高低不平的样子，眉毛修过了，细长细长的，与她出走前简直判若两人。若不是她的同伴拉了拉她，她还没

发现我。见到我，王××马上又恢复了在学校里的那副温顺样，低垂着头，从头发的缝隙中拿眼瞅我。我说："去学校吧！"她点点头，拿起外套就走。

回到学校，我通知了家长。王××的妈妈一见到女儿就想打，被我拦住了。我详细地询问了她这几天的情况。原来，那天晚上打电话的男孩子是叫她一起去过生日的。她知道妈妈不同意，就悄悄溜了。过完生日，一个刚认识几天的"干姐"带她去旅馆过夜。第二天，"干姐"就带她去做了头发，美了容，给了她20元钱（事后证实是180元），还叫王××不要念书了。第三天，"干姐"去了厦门，王××就拿着钱上了网吧，晚上也在网吧过夜。我问她："你为什么会和这些人在一起？"她回答："无聊喽！"我又问："那为什么不和自己的同学一起玩？"她耸耸肩膀："太幼稚！""你的干姐为什么对你那么好啊，不是认识才几天吗？"王××低下头，不吭声，用力咬着嘴唇，不知在想什么。

思想工作做了一个下午，王××答应不逃学了，还主动写了保证书。又一个星期一，她照常来学校。星期三，她还主动参加了早会课的"读书读报"活动。这在以前很少有，我很高兴，认为上个星期"晓之以理，动之以情"的思想工作做成功了。但是星期五，座位又空了，打电话，家里没人接，一直打，依旧没人接。我又拨了王××给的她的"干姐"的电话，电话已暂停使用了。

星期六下午，在两个学生的带领下，我在一个山脚下找到了王××的家。她的妈妈正苦着脸蹲坐在草棚门前的土堆上。"老师，又是三天没回家了，我和她爸已经找遍了所有的地下网吧、发廊，就是不见人影啊！"说完，她"呜呜"地哭了起来。

直到今天，王××的座位还是空着。我不知道她去了哪里，在干什么，就是她的父母也无从知道。但我知道，她一定在过着她认为很快活的生活，因为那是她所向往的。就在我教的这个班快毕业的时候，她给一个同学寄来了一封信，信很短，有一句话是说给我的：告诉老师，我现在很开心！其实，不读书的感觉真好，没人管着，也没有作业。

做了14年的班主任了，这样的事情还是第一次见到。但是我知道，这不会是最后一次。我们这些孩子的心，离老师、父母已经越来越远了。他们有了心事，第一个要找的人不是父母，更不是老师，而是随便一个什么刚认识

几天的人；他们有了困难，第一个要找的人不是父母，不是老师，而是他们心目中认为可以信赖的人。因为他们讨厌了管制，听腻了说教；因为他们的生活充满了太多的呵斥，太多的指责。他们需要真心的交流，需要朋友式的沟通，需要心与心的真诚碰撞。作为老师，我们给过他们这样的机会吗？作为家长，我们给过他们足够的耐心吗？

昨天，我们六（1）班举行了一次中队活动，作为对小学生活的告别。活动的最后，全班同学在一块横幅上签名留念。我叫班长把王××的名字也签上。后来，很多学生都发现了，但是他们什么都没说，好像王××从来都没有离开过这个集体一样。是的，王××本来就是这个大集体中的一员。如果有可能，我真想对她说："孩子，回来吧，这里才是真正能给你快乐的地方！"

我是"虫虫"班主任

◇ 刘淑华

我是个网民，一有闲工夫，我就上网。我的网名叫"虫虫"，曾经在全县的个人网站比赛中获得第一名。后来，为了进一步适应教育信息化的要求，学校又派我去进修了一年，专门学习计算机和网络知识。

一年的时光一晃而过，我又回到了学校，任六年级的班主任兼电脑课教师。在开学的第一天，一上台我就把我的网名和电子信箱告诉了同学们，"我的网名叫'虫虫'，我跟大家还不很熟悉，希望大家能通过'伊妹儿'跟我交流，那样可以说说心里话，我保证那将会是平等公平的交流。"话音刚落，教室里响起了雷鸣般的掌声。

几天之后，我收到了一封批评性的电子邮件："'虫虫'班主任，你很有气质，我们全班都喜欢你，尽管这几天你打扮得很漂亮，香气四溢，但我们前排的同学都被熏得受不了，我们还是喜欢你淳朴自然的形象。"我虚心接受了批评，第二天一上台我就郑重其事地向同学们道歉，并保证以后不再化妆进课堂了。有了第一次的成功尝试，同学们有事没事都爱给我发电子邮件，不光是提意见，心里话都跟我说了。我对每一封电子邮件都像批改作业一样认真地给予一一回复。连班上的平头喜欢上邻家的一个小女孩的事也告诉了我。反正网络是虚拟的，同学们发邮件就不会有太多的顾虑。通过网络，我和同学们增进了友谊，增加了了解，进一步走进了他们的内心世界。

有一次，在学生的作业中，有一道题，我发现至少有十个同学犯了同样的错误。于是，我马上把他们叫到了办公室，他们经不住我软硬兼施和"语言轰炸"，终于彻底坦白：他们在社区申请了一个论坛，美其名曰："作业交流论坛"，说白了就是他们几个死党"相互抄袭"论坛。到了六年级，仿佛每

天都有做不完的作业，而做完作业，上网的时间就成了"压缩饼干"了。于是，他们实行了分工合作，每个人轮流做一部分作业，做好后，就贴到论坛里去。不管对错，其他人就"有福同享，有难同当"地抄到作业本上，有了作业交流论坛，他们每天完成作业就轻松多了。

"考场上有 BBS 吗?"他们面面相觑，惭愧地低下了头。

"网络是把双刃剑，用不好是害人的东西，用好了就是方便于人的利器。这样吧，你们请我去当'作业交流论坛'的版主如何?"

在我的"威逼利诱"下，他们只好乖乖地把作业管理论坛密码交给了我。从此，我有了第二职业——"作业交流论坛"版主。我一"上任"马上对"论坛"进行了大刀阔斧的改革，不但页面好看多了，而且内容也有趣活泼了。我每天都贴上一些趣味性、知识性都很强的帖子，还提供一些话题供他们研究讨论。一下子就调动了学生的积极性，他们每天都要上去转一圈，要不然就像缺少了什么似的。我还从其他地方拷来一些练习题放进论坛，不管是谁，凡是答对了，论坛系统就会自动给他加分。而得分最多的人就能排进"排行榜"。谁不想到"排行榜"去风光一下呢? 于是，众多的小侠甘愿牺牲打游戏、聊天的时间去不厌其烦地答题了。当然，作业交流论坛的功能我还保留着，只不过是用来求教用的，有什么不懂的问题可以发帖子求助，懂得的同学就可以发帖子告诉求助者该怎么做。

在尽情享受网络带来的快乐的同时，也发生过一些不愉快的事。有一次，在我的网站上，发现了一封"垃圾邮件"，里面全是人身攻击和辱骂的语言。当即我在班上大发雷霆："这个信箱到底是谁的? 你们不要以为不说我就查不出来，要知道网上的每一个 IP 地址都是唯一的，不要以为自己上了网就可以无法无天，不讲道德了。不过我希望这位同学能主动向我坦白!"说完我愤然离开了教室，后来我不知道同学们当中发生了一些什么事，但我知道我的话给同学们带来的伤害。后来，经过我的不断努力，终于找到了"害群之马"——都是电脑病毒惹的祸。原来有位同学的电脑染上了病毒，被人用来乱发垃圾邮件了。我替那位同学清除了电脑病毒。同时在班上向大家郑重道歉："同学们不要再猜测是谁干的，更不要因此影响团结。我很抱歉昨天太冲动，发那么大脾气。不过这件事也给大家提个醒，大家都体验到了网上不道德行为带给别人的痛苦，可见，上网遵守网络道德规范是多么重要。"

难忘的一课

◇ 陈云勇

难忘的一课，是一个学生给我这个老师上的。

那是上学期初夏的一天中午，骄阳似火，天气热得让人几乎喘不过气来。吃完午饭，老师们陆陆续续离开餐厅回寝室休息了，留下了要在食堂值日的我，中午我得洗碗，收拾饭桌"残局"。正当我装好热水准备洗碗时，目光触到包着创可贴的右手中指，那是昨天切菜时不小心被菜刀割的一道深深的口子，村医给伤口敷了些消炎药还包上了创可贴，并叮嘱我这几天伤口未愈合，千万别沾水，否则天热伤口容易受感染发脓。

我犹豫了，这是我的"工作"呀，不洗是不可能的，但是如果沾水了，不知何时才能愈合。我望着远方，思索着更好的办法。这时，一个黑瘦的身影进入了我的视线。近了，看清楚了，是巧霞——我印象中最差的学生，她16岁了，学习成绩总是在低下徘徊，基础差，学习方法不对。虽整天抱着书本读，真正让她背一段文章，却总是结结巴巴，丢三落四，还常在班上和同学争吵……总之，在我眼中，她是一个很令人头疼、一无是处的"差"学生。

天气这么热，都十二点多了，她怎么还不回家？我有些疑惑，也有些生气，大声问道："都十二点多了，你怎么还不回家"？

她脸上的神色迅速灰暗，变得有些胆怯，说话的声音很小："老师，我……我……"

看她吞吞吐吐的样子，我更生气了，大声呵斥道："我什么我！赶快回家！"

而她并没有马上离开，小脸涨得通红，继续怯怯地却是认真地说："老师，我想帮您洗碗。"

　　"我自己洗吧！瞧你，玩得都忘记回家了，都十二点多了，快回去吧！"我的态度虽有所缓和，但还是严厉的。

　　"老师，您的右手割伤了，不能沾水的。我知道今天您值日，要洗碗，我就在操场上等着。刚才，我看见其他老师都回寝室了，就知道您和老师们都已经吃完午饭，所以我就过来帮您洗碗。"巧霞避着我的眼神，一口气说完，不容我表态，她便挽起袖子，抢过装碗的盆子，利索地洗起来了。

　　我一下子怔住了，只觉得自己的心被什么东西猛地击了一下！早上洗漱，由于不能沾水，"独臂"的我无法拧毛巾，就叫了一个学生帮忙，小小的举动却被细心的巧霞发现了，而且她居然还知道中午我要洗碗。

　　我不知道这么热的天气里，家远的她如何能等到现在。大家都早已吃过午饭，而她……那一刻，看着她忙碌、开心的样子，一股热流不断涌上心头，我久久地呆立着，不知道自己该做些什么。

　　天哪！就是这几乎天天被我批评、令我生厌的孩子，却在默默地关心着我，注意着我！我突然觉得自己在这个孩子面前是那么渺小……

春天里的感悟

◇ 严丽红

我在春天的大蜚山里，倾听花开，心花为之怒放。我久久陶醉在春之韵味中。我选在一簇开得正旺的花丛旁坐下，打开我所执教班级同学们写的循环日记，看看 70 位同学如何在厚厚的日记本上进行心灵的对话。

所谓循环日记，就是让同学们轮流在同一本日记上写日记，先让第一位同学写完后，第二位同学再评改第一位同学的日记，接着自己再写一篇，然后传给第三位同学，如此循环下去……

同学们对循环日记情有独钟。循环日记图文并茂，以最喜欢的姿态在同学们之间传阅着。他们用稚嫩的笔描绘着春夏秋冬，用笨拙的画涂抹着风花雪月，用他们纯真的童心诠释着世界。

我翻看着日记，看看一篇篇行文越来越流畅的文章配以精美的图画，感到十分欣慰。

突然一段十分刺眼的文字出现在我的视线里，题为《我容易吗?》，是我们班留级生小杰写的，他写道:

> 亲爱的同学们，这是我的自白书，平日里你们都用异样的眼光看着我。我没有老师欣赏的智慧，也没有同学所羡慕的成绩，我就不配拥有赏识和关爱吗?

读到这儿，我眼前不禁浮现出开学初的情景。我们学校是县实验小学，有着崭新的教学楼、设备齐全的办公室，所以学生数极多。我们五年段有 9 个班，每班人数平均 70 人以上。开学初前几天，看见一对父母带着儿子在我

们办公室门口徘徊，那孩子老低着头，不敢抬头看别人。因为忙着注册、分书，我也没留意他们。一天，我正在教室里上课时，只见一位校领导带着那一家子站在教室门口。校领导说："他叫小杰，是留级生，想在你们班上学。"说着，他把小杰的成绩单递给我。我翻开一看，成绩单上的成绩竟然是个位数。我愣住了，这么一个差生分配到我们班，学期成绩验收时，岂不是……我面露难色推辞着。突然，那男孩一把拉住我的衣角，带着哭声说："老师，求求你！让我读吧！我保证好好学习，我保证……"那眼睛里流露的不只是真诚，还有悲哀。顿时，让我悸动而感到——一阵心痛，我不忍地转过头……

啊，差生，多么不应该有的名词，他是尖子生名扬四海的铺路石，是同学调侃的笑料，是老师的眼中钉，是父母的心头愁……

而后，我才得知，来我班之前，他已经被其他8个班级拒之门外。孩子啊，你正像这句诗所讲的：你的名字是一颗酸枣，我（老师）多情的牙齿，不敢咀嚼。

他在日记还这样写道：

> 好心的严老师，你收留了我，让我成为你班上的学生，我很感谢你。我也很努力学习，可成绩还是不尽如人意，我真的想成为优等生呀。可你为什么也对我冷眼相待？

我轻轻地掩上日记，凝视那一簇簇鲜艳的花，那花红如同血般溶入我的内心，浓郁的花香在四周荡漾开去。为何我却感到一阵冰凉，我仿佛看到一朵娇艳的花朵在冷风中渐渐凋零，我又一次感到心痛，自己竟然在这么长的时间里，忽视了一个生命的存在。

我似乎明白了什么，小杰呀，我会和全班同学用春天的勃勃生机感染你，让你心灵上的寒冬过去，让你感受到春天般的温暖。

都是香皂惹的"祸"

◇ 丁秀兰

今天我一进教室，晶晶就满脸笑容朝我走来，递给我一盒东西，笑着说："老师，送给您。"我惊喜地接过来，说："谢谢你！也谢谢你妈妈！"晶晶不好意思地说："不用谢！"全班孩子都静静地看着我手上的盒子，满脸好奇，似乎都很想知道晶晶送给我的是什么。我也很好奇，可是，包装得很漂亮，盒子上又都是英文，我一下子也不知道是什么。于是，我翻来覆去地找答案，希望能告诉孩子些什么。我看到盒子上标有"Green Apple Soap"字样，我就问那些翘首等待答案的孩子："Green Apple 是什么意思？"几个耳朵尖的孩子马上说："绿色苹果。""那 Soap 呢？"孩子们被问住了，茫然地望着我。我笑了笑说："是香皂。是绿色苹果香皂。"孩子们似有所悟地"哦"了一声，不知谁后面喊了一声："晶晶也送给薛老师了！"我抬眼再看晶晶，她还是腼腆地笑，我突然有一种冲动，想过去抱抱她，算是对她的感谢。可是，我还是忍住了，这个平时连普通话都讲不清楚的孩子，居然对老师有这份爱意，再想想自己平时对她的疏忽，我觉得惭愧。我只能再次对她投以感激的目光。不容我多想，下面的孩子嚷开了，似乎还不罢休，我想：今儿不满足一下他们的好奇心，这课是没法上了，唉，都是香皂惹的"祸"。

于是，我打开盒子，从里面抽出袋子，只见透明的塑料袋里，并排装着两块绿色的椭圆形香皂，在亮光下晶莹透亮，像两块翡翠，美丽极了，孩子们不停地赞叹："啊！好漂亮啊！"我抓住契机，引导孩子们观察它的形状和颜色，然后进行说话训练。刚一会儿，前排的几个孩子就叫起来："好香啊！"是的，尽管包着塑料袋，仍掩藏不住它淡淡的清香。后排的孩子就叫嚷着："我也要闻！我也要闻！"我只好提着香皂绕着教室走了一圈儿，有的孩子还

特意站起来，伸长鼻子使劲嗅了嗅，一副着迷的模样，好像要把这香味儿吸进心里。看到他们高兴的样子，我也很高兴，连续几天的疲倦一下子烟消云散，顿觉清爽。我在心里又一次感谢晶晶，感谢她对我的爱，感谢她带给我的快乐。正当我和孩子们都沉醉在这迷人的香味儿里的时候，小特突然叫了起来："老师，很像苹果的味道！""当然啰，要不然，它怎么会叫 Green Apple 呢！"我故意提高嗓子，卖弄了一下。孩子们都笑了，那笑容比春天的花还美。我趁机领着孩子们把整件事情梳理了一遍，他们又跳又叫的，说得可好啦。此时，我又有了一股冲动，想快快回家，把今天的感动记录下来。

铃声在此时不知趣地响了起来，可孩子们说话的劲头一点儿也没减，我故意匆匆收拾讲义，对他们说："哇！来不及了，我得赶快回家。"喧闹的教室一下子安静下来，孩子们不解地问："干吗呀?""我得赶快回家把这件事写下来呀，太让我感动了。谢谢你，晶晶。""老师，我也要写！我也要写！"呼声不绝于耳。"那好吧！我们都回家写，明天拿来交流，看看谁写得好，行吗?""行！"看到"鱼儿"已经上钩，我偷偷地笑了。哈哈！真得感谢这场美丽的"祸"。

事后我想了想，与其花大力气教孩子写话，倒不如多关注课堂中即时生成的东西，不露痕迹地把写话训练贯穿其中，变"要我写"为"我要写"，我想，长此下去，孩子们还会怕作文吗?

一封未发出去的"控告"信

◇ 刘志玉

毕业班复习需要一些资料，老师就让学生上新华书店去购买。这是全年级的集体行动，各班老师发出通知的时间差不会超过两天。因此，在那一两天内，就有好几百个学生拥到新华书店去。为防止学生买得参差不齐，不便于统一辅导，事先我们就与新华书店联系好了，让他们多进些。这本书的定价是7.8元，书店那边也知道学生这一两天会去买的。可不知为什么，他们竟没有准备好零钱，因此钱就找不开了。书店附近就有三家银行，可售货员们连这几步路也不愿走，一本书就卖学生8元，却无事后补还的表示。2角是小钱，很多学生平时根本就不看在眼里，但新华书店以这种方式来占学生的便宜，学生就咽不下这口气，一到学校就纷纷向老师告状了。对此，老师们也很有看法，可为这两角钱去跑一趟，又抹不开这面子，就鼓励学生自己去要，大胆地要。谁知，新华书店的人就是不还给学生。

我想可能是因为学生零零散散地去，也是不好找钱的，就打算让班干部把名单记下来，再派代表去取。我想写张便条说明情况让学生带去，以防店员届时刁难。刚写了个头，突然想到了恩格斯的"情怒出诗人"。这件事学生不但亲身经历了，而且令他们气愤填膺，如果让他们来写，他们肯定会有很多的话要说，这不是一个很好的写作训练机会吗？再让学生带着自己写的控告信去亲历"要钱维权"，不管成败如何，他们肯定会更有感受，更有话说，不但丰富了学生的生活，更锻炼了他们的胆识，同时让他们写作时更有话写。真是一举多得啊！

我说了想法，刚念了信的开头："县新华书店，我班同学在贵店……"教室里就炸开了，"什么贵店，应该说是'黑店'！""老师，我们不能写得太客

气了，应该凶些……"学生的这些反应既正常又可爱，既富有正义感又纯洁无瑕。借此机会，我对他们又进行了一番教育："虽然正义在我们这一边，但是我们也不能使横蛮撞。不管何时何地，我们都要做个讲文明讲礼貌的人。我们维护的不仅是个人的利益，个人的形象，更是学校的形象。"接着，学生们分小组讨论了控告信的内容；再派代表在全班汇报交流，推敲评选出精当语句整理成文。这个过程充分展示了学生遣词造句、斟字酌句的才能。比如：对"要回这钱"中"要"字的推敲，就反复比较了"讨、拿、取"等字，最后一致敲定"要"字既不损自尊，又显示了我们真理在握，并且也反映出售货员拒不还钱的实情。于是一封像模像样的控告信就出来了，全文如下：

县新华书店：

我班同学在贵店购买《小学语文阅读与训练》一书时，贵店零钱不足，没有当场将0.2元找还。事后，我们当中有部分同学又去要回这钱时，售货员的态度极端恶劣。虽然我们是小学生，但也是人，也有人的尊严。你们的做法严重地伤害了我们的自尊心，又浪费了我们的时间。为此，我们十分愤慨。做生意应该童叟无欺！现在，我们这些同学联合起来，要回这些钱，请你们及时找还。否则，我们将向有关部门反映，拿起法律的武器，维护自己的利益和尊严，请慎重考虑。

六（2）班全体同学

2003 年 3 月 12 日

中午放学时，出于安全考虑，我建议学生派十个代表去。可是，许多学生却偷偷前往。临行时，我交待学生要将这封信交给经理才会起作用。

下午，我了解了情况，钱真被要回来了。可是那封信没有发挥任何作用。原来，学生到了新华书店，恰逢经理出差了。他们就直接去门市部找营业员要了。那营业员已非原先当班之人，当然更不会轻易把钱给他们。但是学生拿出名单，理直气壮地与她们展开了一番辩论，并发出了最后通牒："如果今天不把钱还给我们，我们就不走了。"也许是学生的振振有词，也许是学生的人多势众，终于迫使营业员拿钱，信也就没派上用场了。

这事使学生充满了成就感，他们兴奋不已，议论纷纷，叽里呱啦地围着

我说个不停，说得我直后悔自己当时没有在场。上课铃声已响，教室中的声浪却未有丝毫的减弱，我就索性让学生畅所欲言。说着，说着，就有学生提议了："老师，今天可以写作文了。"平时千呼万唤不出来的作文，他们竟主动要求写，似在意料之中，又出意料之外。

"沟通课堂内外，充分利用学校、家庭和社区等教育资源，开展综合性学习活动，拓宽学生的学习空间，增加学生语文实践的机会。"（《语文课程标准》）让学生得到的不仅仅是一次次学语文、用语文的机会，更是增加了他们对社会的认识，对是非的明辨，对真理的捍卫，从而认识到学语文的用处，体会到用语文的乐趣。

直面童稚

——一年级课堂随笔一组

◇ 王小琴

9月6日，星期一

再咬一口

全班小朋友都坐得端端正正的，等着我给他们上课。

突然一个小家伙往桌子下面一伸手，迅速掏出一个苹果，咬了一口，又将苹果放回去，重新坐好，可是嘴巴却不停地嚼动着。

刚上课就这样，那还行啊。我大声道："把苹果扔到垃圾桶里去！"

小家伙倒还利索，拎着那个鲜红的被咬过几口的苹果，站起来就往垃圾桶走。到了垃圾桶前，他迟疑了一下，拿起苹果狠狠咬了一口，然后"嗵"的一声把苹果扔进了垃圾桶，转身回到座位上。嘴里却嚼动得更快了。

我一下傻了眼，这苹果的诱惑力还真大啊。

我静静地等着小家伙把嘴里的最后一点苹果咽下去之后，才开始这一节课。

下课后，我坐在办公室里，眼前不时晃动着那个鲜红的，被咬了几口的苹果。

9月7日，星期二

"a"出巧克力

"a o e……"在不断变化的游戏中进行着……

"来！开个火车吧！这一列同学先开始。"

（第一个小家伙没有反应，"火车"动不了。）

"你怎么了？文倩！你是火车头呀！你不开，火车就跑不了了。不怕，读 a——"。

（还是不做声，小家伙双唇闭紧。）

"怎么了？你开口呀！"我有点沉不住。

小家伙睁大眼睛直愣愣地盯着我，依旧紧闭双唇，表情有些紧张。显然从我脸上读出了严肃。

"a——"

"啪"的一声，伴着"a"的发音，从她张大的嘴里蹦出一粒什么东西来，落在桌面上。

"哈哈哈……老师，她在吃巧克力！"教室里闹哄哄地笑成一团。

小家伙红着眼圈，一脸的惊恐。

原来这样！看来几天来的常规训练还没有到位，我有点想发火。可面对着她那就要滑下的两颗泪珠，我忍住了。

"同学们，刚才文倩这个'a'发音又响亮、又大声，口型也非常准确。要不是巧克力在捣乱呀，那就更好了。文倩，你说对吗？"

小家伙点点头，全班同学止住了笑声，有点不解地看着我。

"好，我们不要巧克力捣乱，让火车开起来。"

"a o e……。""火车"欢快地起动了。

9月9日，星期四

不怕老师们参观

"现在做作业！请同学们把'g k h'在拼音本上各写三行，开始！"与往常一样，我扯大嗓子说话，并在座位间走动着，随时提醒小家伙们注意写工整，不要说话。

咦！班上瞬间出奇的安静，这可是少有过的，我该如何把这种状态维持下去？我寻思着……

"哟！同学们刚才真是棒极了，每个人都表现这么出色，静静地，认真地写作业，要是被别的老师们看见了，一定会夸我们的！"

"老师，请校长、老师们来参观吧！"一个小家伙兴奋地叫着。

"行吗？"我故作不相信。

"行！老师，我们一定坐好。""我们不怕参观。"……小家伙们嚷嚷起来。

"好的！老师相信你们。"这正是我要的话，刚好有一位老师从教室门口经过，我忙叫他进来看看。小家伙们更精神，更认真了，瞧他们那股劲儿，我打心眼里感到高兴。

"不怕老师们参观。"我多希望这句话能深植到孩子们的心里，形成良好的自信心和习惯。但我也知道树人之路的艰辛与绵长，需要拥有灵活的教学机智，更要付出艰苦的努力。

我坚信这一天会到来。

9月10日，星期五

将"可爱"进行到底

看着那一双双亮晶晶的眼睛，我心头有点失落。往年的今天总能收获许多意料之中的惊喜。一句"老师，节日快乐！"或是一朵康乃馨，就足以让我的心头温暖好久。可是今天……

"小朋友们好！"

"老师好！"

"看看哪组小朋友今天在课堂上还能夺星？"

一张张小脸顿时严肃起来，昂着头，挺直了腰。大约过了十多分钟，小家伙们又开始骚动起来。要要要了！我伸出双手，对着下面几十双小手，把刚才学习的"认一认"变成了拍手歌："人口手足，舌牙耳目，金木水火，山石田土。"口中念念有词，师生手舞足蹈，课堂气氛一下子升腾起来。

"老师！你好可爱哦！"一个小家伙叫了起来。

"老师好可爱哦！"小家伙们像是约好似的一齐叫起来。

嘿！还可爱，我这小儿国的保姆，每天想着招式在课堂上编写这"枯叶上的童话"，都累趴下了，还可爱呀。当面对几十双亮晶晶的天使般光彩灵动的眼眸，我笑了，瞬间里仿佛找回了童年的我。"小朋友们更可爱呀！"

"老师，我们都可爱！大家都可爱！"

"哈哈哈！……"我忍俊不禁与小家伙们笑成一团。霎时，一股暖流弥漫周身。心中坚定而清晰地闪出一个念头：

将"可爱"进行到底！

第二章

老师的微笑

老师，你的苹果还没有给我

◇ 姚仕銮

前几天，我上了一堂一年级的识字课，课堂进入尾声阶段，学生们疲劳、躁动。为了激发学生复习巩固生字的欲望，我让学生做"摘苹果"的游戏，并承诺："上来摘苹果的同学如果把苹果后面的生字读准了，我就把苹果奖给他。"话音刚落，一双双手举得老高、老高的，大家都争着要上来摘苹果。原本沉闷的课堂一下子又活跃起来，几个同学摘下苹果后都读准了生字。游戏刚结束就下课了，忙于组织学生做操，我没有及时把纸苹果送给他们。做完操，我想：为了做这些纸苹果，我整整花了半天时间，现在仅用了一次就把它送给学生，真可惜！还是留着下次再用吧。

下午，我一走进教室，那几个摘苹果的同学都围过来向我要苹果，望着他们一张张期待的笑脸，我又犹豫了。但又不想让他们失望，便来个缓兵之计，对他们说："苹果还在办公室呢！"想敷衍过去。可是，当我去办公室取教案时，孩子们都以为我去拿苹果，一窝蜂地跟在我的后面。而我心里却在盘算着：干脆改为每人发一朵小红花。当我把这话说出来时，孩子们异口同声地说："我不要红花，要苹果。"没办法，只好把苹果从办公室拿出来，放到讲台桌上，希望通过延长时间让孩子们忘记这事。上课了，不到 15 分钟，正当我提问学生用什么方法来记字形时，昊昊同学把手举得很高，甚至要站起来的样子。我马上请他来回答，可他站起来时怯生生地说："老师，你的苹果还没有给我。"顿时，我心里像倒翻了五味瓶，上课的思绪被他打乱了。要是以往，学生答非所问，我会十分生气地叫他坐下，可此时我深感歉意地对他说："这节课你们表现好了，下课就奖给你们。"听了我的话，学生们又来劲了，个个都坐得笔直，那专心致志的样子，真让我感动。下课后，我终于

把那些纸苹果一一奖给他们。孩子们脸上终于露出了灿烂的笑容，还由衷地说："谢谢老师！"看到他们笑了，我心里十分畅快！

同样一个纸苹果，上午，为了得到它，孩子们会在上课的尾声阶段忘记疲劳，积极参与学习；下午，为了得到它，孩子们会在上课的黄金时段开小差。可见，那游戏、那苹果对提高学生学习的积极性是多么重要。设想一下，如果我不顾学生的需求和感受，只顾自己方便，把那些纸苹果留着后用，下次做这个游戏时，还会有人争先恐后地上来摘苹果吗？这苹果还能刺激学生的神经，唤起学生学习的愿望吗？在学生的心目中，老师总是说到做到。可现在，孩子们经过几番努力后，老师没有把苹果奖给他们，孩子们在失望、受到伤害的过程中感受到老师说话不算数。长此以往，老师说的话就"不灵"了，有趣的游戏将在失信中失去应有的作用；老师的威性也将在失信中渐渐减弱。于是，老师的话便成了学生的耳边风，教育、教学工作会显得束手无策。

身教重于言教、行胜于言，这些教育方法自古有之。作为新时代基础教育的教师，应当继承中华民族教育思想的精髓。在落实课标新理念——"……使学生形成良好的个性和健全人格"的教育教学过程中，教师必须健全自己的人格，做个言而有信的人，为学生树立学习的榜样。以自己高尚的人格魅力教育、感染学生。让我心中牢记"老师，你的苹果还没有给我"这句真诚而稚嫩的话语，让它时时提醒我：诚实守信，从我做起！让诚信之花根植于孩子们幼小的心灵！

诊治"星期一恐惧病"

◇ 陈道东

刚接手的这个班级有几个同学让人特别头疼。每到星期一总是他们几位没完成作业。每次都紧张兮兮的，对老师的批评"虚心接受"可却又"坚决不改"。平心而论，在"给孩子减负"呼声一浪高过一浪之前，我就很注意作业量的少而精和难易适中了。而这几位，无论我布置的作业多与少，他们都始终丝毫不减"英雄本色"。我注意到，这主要是学习习惯的问题。

经过一段时间的观察，我想出了一个办法。

那个星期一早晨，我提早进入教室等候大家。（我特地带了一个体温计，还戴上了黑框眼镜）

铃响了，同学们纷纷走进教室，看到戴着黑框眼镜的"新老师"都有点惊讶。

我说："请大家把周末的作业拿来给老师看看。"

下面一下子忙开了。我注意到那几个同学仍然一个劲地找作业却怎么也找不着——他们根本就没有。

这些作业比较简单，又少，我每检查一个完成的同学都给予微笑、鼓励。

这时轮到小龙同学了。只见他还坐在原位，头埋得很低，不敢正视我。全班都静了下来，所有的目光都注视着他。

我说："小龙，把你的作业拿来给老师看一下。"

没有动静，他似乎想说什么又没说。

我心里明白，说："没关系，错了老师帮你纠正。"他不好意思地说："我忘了做。"

整个班级霎时沉寂了。我故意保持沉默，孩子们都在等待着一场风暴的

来临。我还看到另外几个"老字号"正神色十分紧张地关注我的表现。

沉默。

教室里的空气似乎凝固了。

他心里可能很难过，身子趴在桌子上，微微发抖。

我开口柔和地说："你没事吧？生病了吗？来，让老师看一下。"

他有点怀疑，犹豫了一下，缓缓地站了起来，很艰难地朝台上迈步。他满脸通红，步子零乱，垂头丧气，神色沮丧到了极点。

走到我身边，我轻轻拿起他的手，他很明显地怕了，想缩回又不敢。下面的同学眼睛睁得大大的，在他们的意料之中，接下来新老师应该给他一顿教训的。我没有，而是给他把起脉来，可以感觉到，脉冲加快了。我又拿起体温计给他量起体温：

"38.5℃"（写在黑板上）

大家都不可思议地望着我，我说："身体有点发热，还有点抖，你先下去吧。"

他愣住了，有点不知所措地回到位子上。

接下来拿作业给检查的同学都很紧张，整个教室的气氛极其特别。

认真完成作业的，微笑，表扬。

几个"老字号"上台接受检查时表现都大同小异：脸红耳燥，无精打采，声若蚊蝇，神情沮丧，不敢面对别人，浑身都不自在。

我没有生气，只是平静地为他们把脉量体温，几个"老字号"的脉冲和体温都加剧、偏高了。

好容易检查完了，大家吁了一口气，但一下子又把心悬起来——接下来老师会怎样呢？

我扫视了全班一下："今天，我既是老师还是个医生。我很早就注意到咱们班有部分同学得了一种怪病，所以今天特地给大家检查检查。我要很难过地告诉大家，经过诊断，有一部分同学得的这种病叫'星期一恐惧病'，这种病说可怕很可怕，有的人得了还不知不觉呢。大家刚才也看到了，得这种病的人有什么反常的表现？"

我鼓励大家发言。

生：走路时有气无力，身体有点抖，特别怕老师叫他——听到叫声，就

全身一震，心里七上八下的。

生：星期一早上刚醒来就精神不振，没精打采，越是走近学校，越是迈不开步子。

生：一直在书包里找作业，可总找不着。

生：很容易撒谎，经常说作业丢了或忘在家里之类的谎言。

生：很容易忘记，上课坐立不安。

我笑了，学生很准确地把刚才没完成作业的同学的表现给描绘出来了。有一些还说到点子上（其实有些学生说得这么精彩，恐怕是有切身体会吧？）

师："这种'星期一恐惧病'怎么得来的呢？"

生：没完成作业。

生：贪玩、不认真、粗心。

生：马虎。

生：不爱学习。

师：是的，产生这种病的主要原因是没完成作业，为什么会没完成作业？是因为作业多、难吗？

生：不是，是因为贪玩。

生：是因为生病了。

生：是因为忙着干活，没时间。

师：如果是偶尔生病了没完成作业那可以理解，甚至一两次因为忙着干活而来不及那也可以原谅，但如果是因为贪玩而老把作业忘了那问题可就大了。

生：（很惊讶！）

师：现在这种病好像并没有什么，可是如果不赶快治好，那以后可麻烦了。长大后，你如果仍然做什么都拖拖拉拉，落后，做事总是这么被动，没精打采，那怎么行呢？

生：不行。

师：这种"星期一恐惧病"发现得早还能治吗？

生：能。

师：怎么治？

生：按时完成作业……先做作业再玩……

师：对，只要你每一次都能按时完成作业，那你来到学校就可以骄傲地问别人："你完成作业了吗？我完成了！"那是一种多么好的感觉啊！

师：你想不想得这种"星期一恐惧病"？

生：不想！

师：那好，我希望以后我们班每一个同学都是健健康康、快快乐乐的。我相信，我们班再也不会有人患"星期一恐惧病"了。

同学们都会心地笑了，那几位也轻松地跟着笑了。我从他们那种坚定的眼神看出我的班级没完成作业的现象将会十分罕见了。

果然。

孩子的心总是那么柔弱而敏感的，狂风暴雨般的爱其实是很容易使他摧残或夭折。把你的爱化作丝丝缕缕的春雨吧，让它"随风潜入夜，润物细无声"。那么，呈现在你眼前的才会是蓬勃的春天。

我总对自己这么说。

我和"郭大侠"

◇ 魏昌成

这学期我被调到一所较大的学校担任六（2）班的语文教师。班上有一个男同学名叫郭小夫（化名），他性格粗放，爱逞强好斗，自称"郭大侠"。再加上学习倒数，写字写半边，脏话一大堆，同学常常告状，每一位老师见了他都头疼。

开学后不久，我和六（2）班的班主任叶老师到郭小夫家家访。晚上七点半，好不容易在一个山坳中找到郭小夫的家，没想到却吃了一个闭门羹，郭小夫拒不开门，这是我和叶老师家访史上碰到的最难堪的一次。正不知所措之时，幸得郭小夫母亲回家，叫开了门，让我们进去坐。郭小夫却一扭头跑到房间看电视去了，他妈妈叫了几次才勉强过来。至于郭小夫的爸爸，后来才了解到，他常年都在外面打工，有时一年都没有回过一次家，母亲根本就管不了郭小夫，什么人都不在他的眼中。所以第一次家访，只能到此为止。

随后，我进一步采取方案——以"武"会友，决定给那些调皮的学生讲一些大侠的故事，什么"霍元甲大败俄国大力士"、"杜心武自创自然门"、"东方旭掌劈达得洛夫"等，直听得那些男生心驰神往，尤其是讲到"郭靖郭大侠誓守襄阳城"时，我注意到郭小夫简直把眼睛都听直了。我在故事中一边渗透这些大侠的武德和爱国主义精神，一边又渗透他们勤学苦练的品质。不久之后，我发现郭小夫的眼神变了，作业也居然按时交了，我明白自己的第二个回合成功了。

不久，学区下发了开运动会的通知，我琢磨了一下，第三个计划逐渐形成。我开始在高年级同学中选拔体育人才，尽管郭小夫成绩不是最优秀的，我仍然选中了他。我知道一个爱打架的孩子必定喜欢运动，郭小夫的眼神告

诉我，他为此十分高兴。我对被选中的队员们说："你们是全校的体育拔尖人才，不仅要在这次运动会上争得名次，还要在学区运动会上夺得光荣，突破我校在学区运动会中零的记录。"而后，我亲自带着他们练习跑步、跳高、跳远、打乒乓球，为了纠正他们的错误动作，我一边讲解，一边示范，并给跳远的动作取名为"大鹏展翅"和"空中走步"，给跳高命名为"燕子剪尾"。队员们觉得神乎其神，顿时情绪高昂，不由纷纷仿效。在训练的日子里，我发现郭小夫最能吃苦，便抓住机会在队员们的面前表扬了他。此后，郭小夫变了，开始和我有说有笑，对我也言听计从。

有意思的是，在我上课时，有个别同学爱讲话和做小动作，郭小夫便用眼睛狠狠地瞪他，或者用打手势的方式制止。我看在眼里，喜在心头。最让我感动的是，上两个月牙痛折磨得我好苦，寻了许多名医都无济于事。郭小夫打听到六（1）班有位同学的父亲会看牙痛，便跑到那个同学家里对他说："你去向你父亲拿药治魏老师的牙痛，但不准收老师的钱。"这话虽然过分些，但足可见对我的真情了。

我现在要告诉大家的是，"郭大侠"已"退出江湖"，开始学文，本期语文期末考试还考了个良呢！字也整齐了许多。全校老师都说："学校少了一个闯祸精，多了一个劳动积极分子。"谁说，点石不能成金呢？

她吐了……

◇ 陈美霞

四月的早晨，初夏的晨风让操场上的师生颇感冷意。学生做完了早操回到教室，我也进了办公室，为自己倒了杯开水想暖暖身子。突然，一个学生慌慌张张跑来报告："陈……老师，不得了了，珊珊吐了，吐了……两条虫！"

当我满腹疑惑地赶到教室时，果然看见珊珊同学的座位边有两条约20厘米长的蛔虫在地上蠕动着，而珊珊同学，这位从小失去母爱的小女孩脸色苍白，正不知所措地呆坐着。我的第一反应是：她着凉了，便赶忙扶她到办公室喝些水，并吩咐周围同学"处理现场"。

第二节是语文课，当我踏进教室时，心猛地一沉，只见珊珊同学桌边的蛔虫还在，只是身上盖着一层沙土，它们正顽强地探出脑袋，似欲破土而出！而其他同学竟熟视无睹！这种现象竟发生在一个自主管理三星级标班，一个年年被评为县、市先进集体的楷模班！进教室时的习惯性笑容在我的脸上僵住了。

也许是从我的神情中觉察到了什么，学生开始有的低下了头，有的涨红了脸，有的不知所措……多聪明的孩子啊，何不因势利导呢？我顿时有了主意，快步向前，在黑板上写下三个字"她吐了"。然后尽量用平和的语气问："同学们，你们吐过吗？在什么场合吐了？当时心情如何？这时你最需要什么？"也许是我的话触到了珊珊的委屈心弦，她竟呜呜地哭了。随后，她的同桌晓峰同学站了起来，难为情地说："老师，我知道自己错了，当我吐的时候最希望有人关心我，而我却说珊珊是怪物，不然怎么会吐虫。我还缠着别人跟我换位置，我……"说到这，他已是带着哭腔了。

当我让他坐下时，教室已是小手林立，或汗颜，或激愤，看得出他们都

有一肚子话要说。看到这情景，我又转过身，在"她吐了"之后添上"……"然后微笑着说："现在请大家暂时保守各自的心里话，把省略号里的感人故事用笔描述出来。这节课我们就上作文课，好吗？"

我的话音一落，59支笔就刷刷地写开了。连平日考场上作文常呈"一片荒地"的小川同学也埋头写着。更令人高兴的是，班长小达同学已悄悄地拿起扫把清除了那块令人不快的"疤痕"。

教室静悄悄的，孩子们却思潮翻滚……

今天，手握这一叠以《她吐了……》为题的作文，孩子们的话语令我感动不已。小娟同学这样写着："这是一堂令人难忘的课。下课铃响了，可是很多同学依然静静地坐在教室里。虽然老师没批评我们，也没叫大家这么做。但我们都深深地知道自己错了。是呀，一个不懂得关心别人的人怎么能指望在需要帮助时得到别人的帮助呢？"而一心想当白衣天使的小唯同学则这么写道："将来我当上了医生，会遇到各种各样的病人，如果哪位病人不小心把呕吐物溅在我的身上，甚至脸上，我也一定不会冲他发火。因为我会牢记今天老师说的话——当你吐的时候，你最需要什么？"副班长小燕深深自责："我是班干部，可是珊珊同学最需要关心的时候我却被两条蛔虫吓得落荒而逃，现在，我的心里难过极了。下了课，我一定要真诚地向她说声'对不起'！"……

多好的孩子，多么纯洁的心灵！手托孩子们这番沉甸甸的表白，我又一次陷入沉思：假如当时我抑制不住怒火，来一场"疾风骤雨"式的批评，再责令某某同学去清理垃圾。那么同学能自觉自愿地反省自己的行为，并从中受到教育吗？假如当时我坚信"身教重于言教"，在同学们的注视下，默默握起扫把，弯下腰去……那么，这样的情景看多了，孩子们是否会认为理所当然，甚至麻木了呢？

请沉默五分钟吧

◇ 黄翠英

记得曾经看过一部电视剧，讲述老师与学生之间的事。故事中有两个学生由于打架而被老师拽到了办公室，眼看一场暴风雨就要来临了。这时，校长推门进来，只是对面色铁青的老师轻轻地说了这么一句话："请你沉默五分钟后再批评学生吧！"校长走出去了，刚才还发火的老师果真沉默了五分钟，结果两位学生相互道歉，事情就这样结束了。

这个故事的片断深深地留在我的记忆里，多少年来也不曾忘记。刚开始时对这句话也产生过怀疑：难道这微不足道的一句话竟有这么大的威力吗？

在偶然的一天，这句话得到了印证。

那天上午，我上完语文课，回到楼上办公室。椅子还未坐热，就有学生报告说班上两个男生打架了。身为班主任的我赶忙下楼，发现是班上的金星和云峰。只见金星铁青着脸，云峰紧握着拳头，仇恨似的对峙着。云峰看到我，松开了拳头，垂下了脑袋。可是金星却不买我的账，嘴里骂个不停，连劝架的我也给骂了。我不由得火冒三丈：那还了得，连老师都敢骂？当时正在气头上的我拉开了桌子，决定把他抓到办公室，再狠狠地刨他一顿。却不料他索性躺在地上打滚，哭喊着。眼看要上课了，怎么办呢？问了周围的同学，都说是云峰没理由打了金星，金星才气起来还手的，而且这两个小男孩是邻居，父母亲长期不合。糟糕！如果事情处理不当，说不定会导致两家冲突呢！于是，我马上叫两人上办公室。云峰明知错了，一说就上了办公室。而金星这时无论你怎么劝说，他就是外甥打灯笼——照旧。上课铃已响，这节课眼看要被搅和了。无奈之余，我叫来要上课的数学老师，硬是把金星抬到了办公室。

　　办公室里，一个站着，一个则蹲坐着，边哭边骂，一看这阵势，我内心更气：到了办公室，嘴还这么硬。我刚要发作，突然间那句话在我耳边回响：请你沉默五分钟后再批评学生吧！伸出的手缩了回来，云峰奇怪地看了我一眼。我顺势坐在了椅子上，一句话也不说。拿出一本书，装作看书，好像遗忘了刚才发生的事。刚刚还哭骂不停的金星，不知何时停止了哭骂，用眼瞅着我。我又假装到另一房间拿东西。等我回到了办公室，发现刚才蹲坐着的金星站直了身体，而且两人的眼睛都跟随着我走动。我刚才的气也不知飞到了哪里去了，只觉得这两个小男孩挺有趣的。

　　时间在悄悄地流逝，这两个等待挨批的学生有点受不住了。刚才还是仇敌般的小冤家竟互相用眼神查问起来。看到这情形，我走到了金星的身边，先把他身上的尘土拍干净，再柔柔地对他说他的许多优点，完全避开刚才发生的事，然后再动员云峰向金星道歉。金星这时却转过来对我说："老师，我不该骂您，我错了。"我欣喜道："我接受你的道歉，那你们俩怎么办？"我边说边拉住他们的手，让他们的手握在了一起。两个人都笑了，我也笑了。之后，两人倒成了好朋友。

　　当我们生气时，请先沉默五分钟吧！这样会使我们能够冷静地面对突发事件，会让我们放下一种平常无法放下的心态。在沉默中，我们的理智会战胜情感；在沉默中，我们会改变习以为常的传统的教育方法；在沉默中，我们会同时收获欣喜。

走进学生的心田

◇ 李宣华

我第一次以班主任的身份站在四年级教室门口，是有充分思想准备的。然而，眼前的一切还是让我吃了一惊：教室内乱成一片，课桌歪歪扭扭地排成两组，学生有的躺在桌上"午休"；有的在黑板上给同学"写生"；还有几个坐在窗台上啃瓜子。我阴下脸"咳"了一声，他们似没听见。我又大声"咳"了几声，等他们明白走进教室的是平时没少找他们谈话的校长时，才有所收敛。为尽早走进学生心里，我先进行了一番幽默风趣的开场白，接着又来了一番热情洋溢的讲话。自认为时机成熟了，我才满怀信心地让学生谈理想。不曾想，第一位被叫起的女生竟说没理想。我旁敲侧击，问她长大准备干什么？她的回答是不知道。问第二个学生，答案还是雄赳赳气昂昂的"没理想，不知道"。再问一个男生，他倒快言快语："我长大要当猎人！"哗，全班哄堂大笑。意外的答案弄得我丈二和尚摸不着头脑。我尽量控制自己的情绪。一节课接近尾声，讲得口干舌燥的我才发现，学生个个无精打采，有两个学生竟睡着了……

为了做好学校的表率，多次想发脾气的我没有发脾气，上每一节课都耐着性子，按设计的自认为是经典的方式授课。学生却全然不加理会，"霸气"未减：值日生不擦黑板，男生叫女生抄作业。有一天，学校老师种的一盆花也被一个叫小兵的学生拔走了，气得我脸暴青筋。很快，第一单元成绩出来了，只有两个学生刚到及格线，平均51分！面对"不可教也"的学生，没少花力气的我先是吃惊，吃惊过后，倒也想通了，这班原来就是差班！

一个晴朗的周末下午，背着相机从外地采风回来的我，看到学校操场上

一群小孩子在踢塑料可乐罐。一看：嘿，全穿着解放鞋，守门员、前锋、后卫，俨然是训练有素的足球队员在踢球！再一数，四年级14个学生一个不少，我觉得有意思，就偷拍了一组镜头。又主动当他们的"足球"裁判。我清楚地记得，那一天太阳快要落山，"球"赛结束时，几个学生甜甜地对我说：谢谢李老师。

很快，一幅叫《山村"球"娃》的摄影作品在市广播电视报发表。作文课上，我问学生，你们喜欢读书看报吗？胆大的学生说不喜欢，胆小的学生摇头。我接着问，你们喜欢读老师写的文章吗？沉默，同学们你看我，我看你，最后愣愣地看着我。我又问，你们喜欢看到自己的照片登在报纸上吗？此时，同学们再也抑制不住那份躁动的心，异口同声地答：喜欢！我第一次从孩子的齐声回答中感受到师生间的那份彼此的默契。我叫同学坐好，在他们好奇的眼光中，我拿出事先准备好的样报，每人一份发了下去。由此我又讲了很多：老师知道我们班同学很团结，时常聚在一起打球、喝茶。老师希望你们在学习上也能拿出踢"球"的劲头，团结一心上好每一堂课……情思涌动，我话语滔滔，班上静静的。我相信，有一天，这班的孩子们听课也会如此入迷。

又一次作文课上，我分给每位学生一份我发表在《福建牵手》杂志上的一篇名为《残疾人的名字不叫脆弱》的文章复印件。当学生看到文章的作者是自己的语文老师时，都情不自禁地读了起来，读着读着，几位同学竟流下了眼泪。这一节课，我充满激情地给孩子讲述了本乡一位叫江华的盲人青年硬是凭着自己顽强的毅力，自学初、高中课程，考上河南针灸推拿学院的故事。

课后，几位男生悄悄地找到我，小声地问：老师，像我们这样不听话的学生行不？我眼睛一亮，似乎看到了这群孩子的希望，于是话语铿锵：行，你们能行，老师从来就对你们充满信心！

此后，我乘胜追击，和孩子"套近乎"，带孩子上阅览室读作文，陪孩子补课，教孩子踢足球。终于，孩子们和我融在一起了。

通过一年多的努力，该班语文平均成绩提高了近30分，班级面貌有了大大改观，班上桂萍同学成为学校第一个被评为县优秀少先队员的学生；小佳的作文在《三明日报》刊登；还有多位同学在学区组织的赛事中获奖。

对于这个班，原先我下了不少工夫，却没能得到应有回报，因着和学生踢塑料可乐罐，我便走进了这个群体。机会是留给有心人的。对学生要耐心，肯花时间，要善于坚持，在坚持中把握时机。只有在日常生活、学习中多接近学生，循循善诱，循序渐进，才能以最佳的教育方式引导学生。

没有赏识，就没有教育

◇ 李庆盛

因为工作关系，我在中途被任命为三年（2）班班主任。这个班共有51个同学，其中一半以上语数不及格，表现也特差，是全校公认的最差、最乱的班，特别是这个班的小天，所有教过他的教师都摇头否认，有的甚至说教他会吐血。有一位女教师还说教过了"头"，被他拿扫把追打过。学校领导都对他没办法，因为他父亲是乡领导。

第一节班会课，我刚走到班级门口，一个穿短裤的小男孩迎面而来，手里拿着一幅画，大大咧咧地问："喂，你就是我们的新班主任，以后多多关照，这是小意思。"不等我反应过来，那幅画已贴向我前胸。"好家伙！"我拿住画一看，气不打一处来，那幅画着缩头乌龟的画在抖动。但转念一想："人性中最本质的渴求是尊重和赏识，对于小孩更应该尊重和欣赏"。于是，我快步走向讲台，把画展开面向全班同学说："这幅画非常漂亮，我永远珍藏，因为这是我第一次收到学生的礼物，相信过了十年八年，这位同学成了知名画家，那我珍藏的这幅画将会价值百倍。我也希望这位同学加倍努力，发扬优点、克服缺点，成为全才的画家。"然后我面带笑容，把那幅画细心地卷成话筒状，径直走向这位同学。同学一下呆了。"请问这位未来画师尊姓大名。"我模仿记者的模样，使全班同学都笑起来了，气氛柔和了许多。"我叫小天，老师都叫我'靠边'，同学叫我'大哥'，老爸老妈的同事叫我'狂天'，怎么样？"还有硝烟味。我笑笑说："小天，你的画很漂亮，我很欣赏，谢谢你的礼物，我们交个朋友吧！"他慢慢伸出右手，脸红了。

　　第二次班会课，我把他从最后一桌调到第一桌，并让他组织同学出一期黑板报。那天下午他们就风风火火把黑板报出好了，那刊头设计、板书设计不亚于一般的初中生。我大大表扬了他。他红着脸站起来说："老师，那板书是小华和小光他们完成的。"我在班会上表扬小华和小光几位同学，更是再三表扬了他的无私诚实、团结同学、组织能力强等优点。他低下了头，我看到他用手擦拭着眼睛。

　　这样风平浪静了一些日子，老师、领导都向我贺喜，都说小天变"乖"了，懂事了，会向教师打招呼了，我感到欣慰。

　　教师节前几天，他和几个班干部向我建议，出一期"教师节专刊"，我鼓励他去组织材料，准备准备，可能学校要组织评优。他又风风火火去了。下午他又到办公室找我，很委屈，泪都流出来了。数学老师也来了，当着他的面数落着："李老师，这个'靠边'怎么搞的，数学作业也没做。"我马上示意他别说下去。小天低着头，咬着嘴唇。我拍拍他的肩膀信任地说："小天同学，我相信你会向数学老师认错的。"他点点头走向数学老师。数学老师摇摇头，叹了口气让他回班级去了。我觉得作为一个班主任，要做好班级同学的思想工作，也应该和科任老师交流交流。我知道数学老师有个爱好——根雕。于是我从这个话题开始了："你为什么那么喜欢这些根？""因为这些树根有欣赏价值。""是不是树根都可以做作品？""行家是这样的，因为他善于发现不同树根的价值。""哦，原来根雕和我们教书一样啊！""没错。""那你会为小天这样的同学成长加油吗？""谢谢您，李老师，我相信以后我会更加注意的。今天是我的错，不该这样对待小天，他其实进步够大的了，简直像换了个人。""相信他，让他体会快乐、乐趣，相信一切都会好起来的。"

　　教师节到了，我在全班宣布三（2）班黑板报获一等奖。同学们欢呼起来"小天万岁"。大家向小天拥去，不知哪位同学把摆在讲台的那束鲜花送到小天面前。小天很激动，跃上椅子大声地对同学们喊道："同学们静一静，听我说，今天是我们班第一次获奖，也是我脱胎换骨的时候，我们要感谢我们的班主任——李老师。"大家齐声欢呼"对，感谢李老师。"又簇拥着他涌向我。小天走到我面前，两眼红红的，哽咽着说："李老师，谢谢您，是您欣赏我们，给我们自信。"

　　我接过鲜花，看着这群正在走向成功喜悦的孩子们，一阵激动。是啊！赏识和信任能使孩子觉醒，每一个生命觉醒的力量都是排山倒海，势不可挡，我们应该给每个孩子信任和赏识，让他们的心灵得以舒展，快乐而轻松地飞翔。

为我立"墓碑"的孩子

◇ 林义忠

又到小组合作的环节，课堂上书声琅琅，议论纷纷。我穿梭于各组之间，倾听着同学们各抒己见。当我走到最后一个小组时，希炜同学偷偷地递给我一块约10厘米长的椭圆形的石头，我正迷惑不解时，他又指了指身旁的小辉同学。我把石头转个面，几个一厘米见方的大字刺入眼帘"林义忠之墓"。我愕然。"砰"的一声，"墓碑"摔落，这一声震动了全班，读书声、议论声顿止。教室里鸦雀无声，几十道目光投向我。我极力控制住自己，不让自己崩溃，俯身捡起那块"墓碑"，把刺心的几个大字掩埋在掌心里，不让其他同学看见，可是同学们还是从那一组同学的口中得知真相。

倘若是前十年，我早已雷霆大作了。今天我沉稳了许多，理智了许多。真的，这得感谢《素质教育博览》（教师版）即现在的《福建论坛·社科教育版》这一刊物，是那些充满人文气息的教育故事点化了我，启迪了我。我知道一味地指责学生，就等于放纵自己的错误，那样只能加剧师生关系的紧张，让每个同学对自己望而生畏，其结果只能走向教育的反面，我的心情渐渐地平静下来。我亲切地对同学们说："大家请安静，我不怪小辉同学，可能是我的过失与错误，造成他的误会与痛恨，我才为我立此'墓碑'。确实，他的这种想法与做法令我一时无法接受，但他恨中还是带有三分的崇敬，毕竟，他还为我立碑以做纪念呢。"同学们笑了，我也笑了。课照常进行。

一下课，小辉立即跑到我的办公室"投案自首"。他紧张得手足无措。我笑着说："你不要害怕，老师相信咱们之间肯定会沟通好的。今晚，老师找你谈谈好吗？"他抬头望了我一眼，似乎有点不相信，但看到我那真诚的微笑后点着头跑了。

那天晚上，他先递给我一封检讨书，是这样写的：

　　林老师，真对不起，是我该死，我把你对我的关心看成仇恨。你每次留下来陪我做作业，是对我好。前一周星期五，你说没有完成周记的同学不能回去，我不听劝告，以为你只是说说吓唬同学。谁知道，你真的说到做到，我被留下来了。那天我迟了一步，没有坐上车，害我独个儿步行回家，那时我好恨你。在路上，我捡到了那块石头，我想……其实，我也不是真得盼望你死去，当时只是觉得这样做很得意，很消气。谁知，那天小组合作时，希炜同学翻了我的书包拿笔记，揭穿了我的秘密。老师，我好后悔。我知道犯下了大错，只要你能原谅我，凭你怎么处治，我自作自受，心甘情愿。

　　原来是这样，我吁了一口气，心里的一块石头落了地。幸亏这只是儿童的一时赌气，一时无知，一时冲动搞出的恶作剧。我望着他，笑着说："你这人也真有点性格，平时默默无闻的，想不到还有这么大的勇气。老师现在只想说，一切不愉快让它永远过去，我希望咱们的友谊从此开始。将来，能在你的心中立一块'师生情深'的碑石，我就心满意足了。"小辉同学激动地啜泣着。我知道，矛盾已化解，和平的阳光正从他那盈盈泪光中升起。

　　我还担心同学们不能原谅他。第二天上课，我高兴地对同学们说："昨天晚上，我和小辉同学进行了交谈，原因是这样的：上周五放学，他被我留下来补写周记，害他独自步行回家。他一时怨恨，才立此墓碑。虽然他的做法有点过分，但也有我的不对之处。"我顿了顿又说，"要是老师真的到了该走的那一天，有同学为我树碑，我还应该含笑九泉啦！"说完，我走到小辉身边，伸出了右手。他迟疑了一下，也伸出右手，大手握住小手，掌声如潮水般涌来，理解澎湃在彼此的心窝里。

　　纵然千丈冰山，也会化作万道暖流！

我罚自己值日一天

◇ 吴寿锦

平平是我担任班主任以来，最为顽固而又顽皮的学生，每次值日，劳动委员总告诉我"平平又溜走了。"看着他扫地，他也只不过磨蹭着，等我一转身他又无影无踪。多次找他谈话，他嬉笑着，摆出一副漫不经心的架势，做个稍息的动作，嘴巴咧向一边傻笑不停，我发怒时，他立即逃之夭夭。我又一次和风细雨地问他："为何跑？"他说："四年级时，老师发怒甩我耳光，我的耳朵都快被打碎了，我还是跑了好，免得让老师出医药费。"是的，四年级的老师因甩了平平两巴掌造成轻微的耳失聪，家长闹到学校，老师赔了不少的医药费。我赞扬他能体谅老师难处时，他惊讶着……最后吹着口哨离开了。

"平平又不擦黑板，地也不扫跑回家了。"劳动委员又一次报告，我火冒三丈，可还是平静下来同劳动委员一起扫完教室。劳动委员见我同学生一起搞卫生，十分感动地告诉我，应该到平平家去家访一趟，我同意了。通过劳动委员的带路，我来到平平贫寒的家，平平躲着不见我，他的父亲告诉我，平平妈妈采茶跌成瘫痪后，苦了孩子，平平又得做一日三餐的饭菜，又得照顾妈妈。平平的爸爸每天要到离家较远的木制品厂给人锯板，起早摸黑，中午饭还得在厂里吃，家庭经济十分拮据。平平懂事，有时还在外面拣些破烂卖钱给妈妈治病……听到这里我脑子好似炸开似的，多好的孩子，我还因他迟到一节课罚他值日，我是多么残忍的班主任，学生心灵已经有了创伤，我还要洒把盐……

翌日，我在班级自责地将平平的不幸编成故事讲给同学们听，孩子们都伤感地落下泪来。最后我说："这个苦命的孩子就是平平，我真不该这样对他。现在我决定，我罚自己值日一天以表示我改正以前处罚同学的错误。"班内一片寂静，孩子们惊愕之余，用掌声表示我对学生的理解，平平那"顽固"的头也低下了，用手不停地擦着眼睛。

当天，我每节下课都到教室擦黑板，放学后拿起扫把扫地兑现自己的诺言，平平和许多学生要帮忙，我强行让他们回家，这一天我特意将课桌擦得一尘不染……

没想到我这一行动带来极大的教育效应，每天教室的地板和桌椅都被同学争着打扫和擦洗，一连几个星期，我们五（3）班都保持着"卫生流动红旗"，村中的南街居委会还送来感谢信，感谢班里六名同学在"双休日"里为街道清理卫生、疏通自来水管道，替扫盲班学员批改作业……

身教胜于言教，只要教师"蹲下来看学生"，走进学生心灵，一定就能更多地理解教育的奥妙。

特别的爱给特别的孩子

◇ 陈灵爱

我班有位姓王的女生，娇小柔弱，是早产儿，又不足龄就入学，父母目不识丁，又忙于打工，无暇顾及她。她学习明显跟不上，成绩很不理想。我跟她谈心，课后耐心地辅导她，请学习小组长帮助她……似乎能想到的该做到的都尝试了，结果却成效不大。我直犯嘀咕：这孩子是不是有问题？同学们对她也开始另眼相待。慢慢地我发现，她似乎游离于班集体之外，对同学的帮助产生了抵触情绪。我看在眼里，急在心里，我不能眼巴巴地看着同样是饱含生命希望的苗子错过成长的好时机。一个偶然的机会更坚定了我的想法：一天下午放学后，我在办公室批改作业，外面走廊的谈笑声传入耳际，探头一看，我几乎不敢相信自己的眼睛，往日在我面前傻乎乎的她正神采飞扬地和别班的一个同学讲着故事，说到高兴处笑得特别开心！那一刹那我说不出有多感动，同时一个念头闪入脑际：我要让这孩子在大家面前也能自由地舒展个性！

我开始反思：为什么这孩子课内外判若两人呢？问题的症结在哪里？一筹莫展的我带着困惑，再次认真研读新基础教育理念，叶澜教授在教育价值观中关于基础教育的"未来性"、"生命性"和"社会性"的论述，使我豁然开朗，我们的教育应顾及生命整体的各个层次与方面，应该是对整个人的健全教育，而不是只关注事情某一方面发展的畸形的教育。我幡然省悟：一开始我就走入误区，强调的是她的学习成绩，而少了一份对她真诚的关心和爱护。潜意识里把她当作差生，虽然也想方设法帮助她，可总是不自觉地把她当作一个有缺陷的人对待，而没有将自己摆到与她平等的地位和她相处，这给她幼小的心灵投下一块不大不小的阴影，致使她在我和学生面前处处设防。

我暗下决心：要将这心灵的防线慢慢解除。

爱是情感的催化剂，要开启封闭的心灵，必须沟通师生情感。亲其师，方能信其道。我唯有走进她的心灵，成为她的朋友，才能引导她感受自身的价值，敢于表现自我。从此，我时时事事关注着她，对她多一些关切的目光、热情的话语，为她的点滴进步喝彩。一堂语文课上，我出了一道看拼音写词语的题目让同学们做，同学们纷纷举起小手。我请了四位同学写前面四个词。这时，身边一个怯生生的声音传来："老师，最后一个词我也会写。"我一看，是坐在前排的她，此时正举着小手，期待地望着我。我激动地对大家说："同学们，我们给她一个表现的机会，好吗？"同学们都说："好，让她试试！"于是，她在大家的鼓励下，充满自信地走上讲台。可是由于个子小，够不着，站在旁边的我，伸出双手把她抱了起来。她就在我的怀里，在同学们注视的目光下，在黑板上一笔一画地写下了"故宫"两个字。我称赞道："瞧，这两个字写得多好！老师为你的进步高兴！"同学们也不由自主地为她鼓掌。我发现，整堂语文课，她的小脸上始终洋溢着幸福的微笑，专注地听着。在以后的教学中，我欣喜地看到她乐于参与，有时也会发表自己的见解。人也变得有朝气，爱说爱笑。我想：或许这孩子现在的学习成绩不尽如人意，但只要我们持之以恒，给予她双倍甚至更多的爱和帮助，相信她也能得到很好的发展。

漠视，会使"苗子"逐渐枯萎；限制，会使"苗子"死亡；只有扶植，才会使"苗子"健康成长。老师们，让我们把特别的关爱给这些特别的孩子，用真诚的爱心呵护他们健康成长。

窗　外

◇ 林欣欣

又是星期五了，我不住地向窗外探寻搜索，冷清的窗外空无一人。我的心里掠过一阵阵不安，她们真的生气了？我思忖着，任由飘扬的思绪带我走回那个热情洋溢的夏日……

2002年6月的一天，刚踏进学校，我就愣住了。学生们把课桌靠墙摆了一圈，教室的正中央放着讲台，讲台上是一束鲜花和一盒蛋糕，前后黑板都画满了花，写着"林老师生日快乐"几个大字。见我发呆，大家都得意地笑了。几个女同学冲了上来，拥着我来到讲台前，捧着鲜花，我愣愣地问："你们怎么知道我今天过生日？""保密！"他们异口同声。切蛋糕了，我拿起刀子，耳际飘来了燕燕的低语："我从来都没吃过蛋糕。"心里一凛，我停住手，问："有没有人跟老师是同一个月生日的？""有，燕燕和海萍。""那你们两个和老师一起来切蛋糕吧。我们一起分享幸福吧。"她们害羞，不愿意，可终究还是出来了。当我们的手一起握住刀子时，我看到了燕燕眼睛里的泪，她太激动了，我又何尝不是？

我们把蛋糕分成30份，给每位同学都送上一份香甜，很多同学的脸上都绽放着灿烂的笑容。我知道，在我们这个乡下地方，过生日吃蛋糕，对他们很多人而言，是"新娘子上轿——头一遭"。欣赏完《生日歌》大合唱，我正想叫大家开吃，奕辉叫了起来："老师，小凯不能吃甜的！"是呀，在喜气幸福的气氛中，我们都忘了他，忘了他患着糖尿病……教室里安静了下来，许久许久，小凯的笑容凝固了，他的头慢慢低了下去。这时，有人叫了起来："我有办法，我们来砸蛋糕吧。"主意一出，女生们迭声反对，男生则跃跃欲试。不知谁开了头，第一块蛋糕飞了出去，接着是第二块，第三块……尖叫

声，嬉笑声，追赶，躲避，教室里乱成了一团，整个校园都轰动了，我看到办公室冲出的几位老师张望的身影。我心里有些不安，怕遭人非议，可我不想制止孩子们，因为我看到小凯也加入了那支欢乐的队伍中，因为这也许是孩子们在小学阶段的最后一次狂欢了。我站在那儿，大声笑着，甚至有些希望孩子们也往我脸上或身上砸一块蛋糕。

没过几天，我们在教室里开了个毕业晚会。我已经不记得他们演出的节目了，只记得他们眼中盈盈的泪，我对他们说："你们马上就要离开母校，离开老师，进入一个新的学习环境了。老师只希望你们能遇上尊重你们、爱护你们的好老师，愿你们学习进步，祝你们前程无量。有什么事尽管回来找我，别忘了我永远是你们的朋友。"

送走了这批孩子，我接了四年级，这是个让人头疼的班级，我忙得晕头转向，也常常大动肝火，早已失去了往日的温柔和笑容。这个星期五，那帮升上初中的孩子们如往常一样，站在教室外面，听我上课。我正在生气，只顾着怒骂呵斥窗内的学生，甚至没顾得上望一眼窗外的那群孩子们。不知什么时候，他们都走了，一句话都没和我说。接着，他们有两个星期没来了，没看到窗外那站立的风景，我突然有些难过。

这一天，我收到了忆静写的信，她说："老师，你是不是觉得我们很烦？如果我们打扰了你，很对不起，我们以后再也不会来了。"看着信，我觉得自己像被谁狠狠地抽了一巴掌，毕业晚会上的话犹在耳畔，我却背弃了自己的诺言，冷落了这群热爱我信仰我的孩子们，伤害了他们纯真脆弱的情感，真是不可原谅。我给孩子们写了信，向他们诉说了自己一段时间来的烦躁、忧虑和忙乱，请求他们的谅解。可爱的孩子们一下就接受了我的道歉，当他们的身影又一次出现在窗边时，我和他们交换着会心的微笑，心情也晴朗美丽了起来。

人们常说"老师是辛勤的园丁"，我却想，或许我们更应该是日夜劳作的绣花手，为孩子描美好的未来，绣辉煌的明天，也巧手串联我们和孩子之间的情感。因为只有孩子们和我们心手相牵，我们才会拥有无憾的人生。

宽　容

◇ 林航海

那是 20 年前的一个夏日。那天，我一如既往，早早来到学校。走进教室，我见四周没人，便好奇而兴奋地拿起讲台桌上的一小截粉笔头，在黑漆严重脱落而导致凹凸不平的黑板上画着一个人头像……画着画着，我依稀感到：同学们陆续走进教室，并用异样的目光盯着我。虽然我并不擅长作画，但一股强烈的表现欲却没能迫使我停下来……

"你在干啥！"一声怒吼把我给吓愣住了，心想：糟了，有人出卖我啦！紧接着，一只瘦骨嶙峋却极为有力的手狠命地抓住我的胳臂……

抓我的人是全校闻名的"虎姑婆"（同学们送给班主任叶老师的"美称"）她抓住我的理由很简单：学生不能用粉笔在黑板上写字、画画，这在我们学校已是不成文的规矩。

"长大后，我就成了你……"正如歌中所唱，十几年后，我继承了教书的衣钵。带着一颗狂跳不已的心，我走上了三尺讲台。也许是突发奇想，也许是弥补孩提时的遗憾，在我执教的班级里，我允许学生在特定的时间里可以自由地在黑板上涂鸦，展现他们奇妙的幻想。也许他们将来会成为诗人、书画家、设计师……也许他们将来只是平凡的人，但相信他们永远都不会忘记，这曾经属于自己的小舞台。

去年春节，小学时的许多学友欢聚一堂，同时也邀请了当时教我们的几位老师，气氛异常的好！聚会中，我邂逅了那位当年因我在黑板上画画而拽住我不放的叶老师。闲谈中，叶老师知道了我在县城的实验小学教书，还了解到学生中就我一个人继承她的衣钵。她非常激动，话匣子便关不住了……不知怎的，我有意无意地扯到了那件耿耿于怀的旧事，叶老师竟然忘了！也

许是年纪大了，记不得那么多了；也许是这样的事发生过许多许多，她自然无法把它和我联系起来……

交谈中，叶老师说："那时，教育经费紧缺，粉笔、黑板擦等都是限量供应……"我能理解老师的苦衷。

不过，我仍然要感谢叶老师，或许是她不经意做的一件事，却让我刻骨铭心；或许是她的严厉，反而使我懂得：对待学生一定要宽容。我们失去的，孩子们没有理由再失去……

愿天下的老师都能宽容孩子们！

宽容的力量

◇ **李碧慧**

　　"老师，科技大学保送我到美国攻读博士了！"望着眼前这位即将漂洋求学的小伙子，我再也按捺不住内心的激动与兴奋，自豪、幸福感占据我的心，十几年前的往事顿时涌上心头……

　　那年我刚师范毕业，领导分配我担任四年级一个班的语文教学，并承担班主任工作。接班后的一个月，正巧遇上校运会。由于时间仓促，我便利用政治学习时间，让班委自己组织学生报名。第二天，我刚跨入校门，就有老师反映："不得了，你们班简直是大闹天宫了！"紧接着一群学生纷纷向我报告：××同学昨天下午如何无理取闹，捣乱课堂秩序，今天早晨又在教室贴满小字报……一听，我简直气炸了，真想狠狠训他一顿。当我站在大大小小的字条前，目光落在"抗议"二字上时，似乎觉得有两道愤怒的目光盯着我。我犹豫了，干脆来个缓兵之计吧！于是悄悄组织学生撕下小字报，也不在班级公开追查此事，一切似乎风平浪静。当一番明察暗访后，我发现这是个个性很强的孩子，二年级曾是班长，由于一次作业忘记做，老师让他面对全班同学承认自己的错误，他不服气，因此班长职位被撤了，甚至罚站办公室两天。从此，他处处与老师为难，越发任性，成绩直线下降……

　　几天后，我找他单独交谈。与我并肩坐在石凳上，他显得有些不安，目光不时避开我的视线。"说说，你有什么委屈？"他先是一愣，而后滔滔不绝地谈起自己为什么要这样做，原来他想报名参加 100 米比赛，可大家却说他笨，不让他参加。他委屈，凭什么不让参加？实在太不公平了！是呀，这是一个多么热爱集体的学生。我充分肯定他的优点，原谅他的过失，又不失时机地帮助他认清过失的性质及危害。当时他的态度十分诚恳，表示要吸取教

训，事后果然加倍努力，慢慢地赢得了同学们的信任，在民主选举中再次被选为班长，最后以优异成绩考上中学。六年前，当他接到大学录取通知书时，当晚找遍教工宿舍楼，直到晚上 10：30 才找到我家，一见面气喘吁吁地说："老师，我考上科技大学了！我想第一个告诉您，谢谢您的宽容与教诲！"泪花湿润了我的眼睛，我为拥有这份殊荣而骄傲：当小学老师真好！

有人曾说，人生最难得遇到的是一个好的小学教师。是呀，学生们在教室里学过的东西也许会全部忘却，而教育的训练会在他们的心里永远留下痕迹，甚至生根发芽。从某种意义上说，由于儿童年纪小、阅历浅、奖惩的教育效果一般都较为明显。儿童期是出现过失最多的时期，与成年人的明知故犯不同，儿童出现过失往往是出于好奇或无知，有时也与控制不住自己有关。如果当初对"小字报事件"进行简单生硬的处理，不善于保护孩子的积极性，很有可能今天他不会成为博士生。

宽容是种博大的胸怀。宽容学生就是循循善诱，小心翼翼地保护孩子心灵上的"闪光点"；宽容能拉近师生距离，创设民主和谐的教育氛围；宽容给孩子以希望，让孩子在广阔天地自由翱翔。让我们多一份宽容吧！

爱在心灵信箱中

◇ 徐小泓

时间如过隙白驹，教室外面的阳台上，我和学生一起种下的菊花开了又谢，谢了又开，转眼已是三茬。就如同这些菊花，从三年前的扦插小枝到现在的灿烂笑靥，我——一名普通的新课程实验班老师，和我的学生一起，在新课程的土壤中共同成长，共同见证这一段记忆深刻的路程。其中，就有这么一位学生，这么一段故事在我的脑海里挥之不去。记忆如菊香盈盈，让我回想起和她的故事……

她叫小琳，这学期刚从漳州转学过来。她不善言语，经常穿粉色外衣和黑色的裤子。课堂上要不是有她专注的双眼，还真不知道她的存在；课后她总是在教室里默默地收拾文具，准备下一节课，与其他在嬉戏打闹的同学显得那么不协调。刚开始我以为是不适应新环境的缘故，便鼓励她和同学们多交往，也交代了班干部多带她一块去玩。但事实并不是我想象的这样，同学们纷纷跑来告诉我："老师，小琳不喜欢和我们一起玩！""小琳根本不会讲我们这里的话，她讲话好奇怪哦！"真的是这样的么？穿过人群，我的眼神找寻到了安静地坐在自己座位的小琳。我的心头不由一震：小琳是一个什么样的孩子呢？我先找到了她以前的素质报告册，老师给她评语是："你是个充满幻想、成绩优秀的女孩，课上独到的见解显示了你是与众不同的。身为劳动委员的你，总是任劳任怨地做好班级卫生工作，老师由衷地感谢你。"哦，她以前是这样的，可现在的她怎么了？带着一脸的疑惑，我试探着走近她。可每次当我亲切地询问，她总是礼貌地笑笑，摇摇头，没有回应。其他同学也告诉我，即使是课上小组合作学习，她也是一言不发。知道了这些情况，从此对于小琳，我便多了一份牵挂，经常走到她面前，不是摸摸她的头，就是聊

聊家常话，或者把她叫到办公室交谈。可一连几次，她还是那样的寡言少语，独来独往。我有些灰心了：也许她天生就是内向的、不合群的"就像那一株瘦弱的雏菊，需要独自静静开放。于是，渐渐地我便习惯了她的"安静"。直到有一天，我收到了一封奇怪的信。

信是寄到"泓子姐姐信箱"的，"泓子姐姐信箱"是我作为学校少先队总辅导员，在校刊《启性》上开设的一个心理健康教育栏目，和同学们进行心灵对话，情感交流的。平时有很多同学来信，也有不署名或化名的，但从来没有见过署名为"离您最近的人"的来信，这一下子让我很是好奇。只见信中写道：

> 泓子姐姐：
>
> 　　我有好多好多的烦恼，我很不开心。您能帮帮我吗？我是那样地信任您，但我不想找您诉说，只能用笔来告诉您我的难过了。以前我有一个幸福的家庭，我妈妈是东山人，我爸爸是山东的，他是个军人。妈妈一直随军，直到两年前我们才移居到漳州。可不幸的是，爸爸妈妈半年前离婚了，我和妈妈回到了东山。在这里，我没有一个朋友，讲本地话也很费劲，遭到很多人的笑话。这学期我转到我们学校之后，我就发誓我再也不讲话了。泓子姐姐，其实我很孤独，很害怕，妈妈很忙，我很想念爸爸，想念以前的家……

看到这里，我一阵揪心，眼眶也湿润了。但同时，我的心不由一动：这个情况怎么感觉那么熟悉？莫非是小琳？我一阵激动，想马上找到小琳。但转而一想，小琳很敏感，既然她选择了这种交流方式，分明是不愿与我面对面。我还是将计就计，用"信"来解开她心中的结吧！我赶紧写了回信：

> 　　读着来信，泓子姐姐也感受到了你的焦急和难过，谢谢你把泓子姐姐当作知心朋友！你是善良的孩子，因为"妈妈很忙"，所以你独自承受着内心的忧伤和思念，泓子姐姐觉得你其实是非常勇敢、坚强的！你看，换一个新环境也是有好处的，可以认识更多的朋友啊，就看你自己怎么去做了。我们学校大部分同学都是用普通话交流的，我想你的普通话应该讲得不错吧？只要打开心门，用真诚的微笑去迎接生活，你会发现事

情并不是你所说的这样糟糕的。其实老师和同学们都很想走进你的心灵，和你做朋友，共同分享成长的烦恼和快乐的！你说你不方便当面和泓子姐姐说，那我们就用这种方式来交流，就让它成为我们之间的小秘密吧。你说好吗？

这封来信和回复，我很快安排发表在了校刊《启性》上。给同学们发报纸那天，她像以往一样没有言语，但看得出她眼中闪烁着欣喜的光芒。放学后，我特地留下她帮我收本子，然后装作不经意地说："这一期的'泓子姐姐信箱'你看了吗？老师觉得好喜欢那个写信的女孩哦，只可惜不知道是谁。唉！"我还故意重重叹了口气。小琳惊喜地抬起头看着我，脸涨得通红，嗫嗫嚅嚅地想说着什么。我一看时机到了，便俯下身子，悄悄地说："是你写的，是吗？"她低下头，轻轻点了点头。我蹲下来，搂住她，柔声说："如果你觉得喜欢用写信来告诉老师心里的话，那么就让我们用这种方式来交流吧。"她一听，睁大了眼睛看着我。我用力地点点头，捏捏她的小鼻子，笑着问："能告诉老师你为什么署名'离您最近的人'吗？"她不好意思地笑了："我坐在前面，就是离您最近的人呀！"甜蜜的笑容渐渐地在她脸上蔓延开来，我第一次看见了她真正的舒心的笑容……从此以后，书信在我与她之间穿梭着，记下了她的喜与愁、苦与乐，我也告诉她班上同学们的一些小故事和我在教学上的困难与收获。渐渐地，她变得活泼开朗起来了，和同学们开始友好相处，玩在一起了，班队会上、小组合作学习上，都能听到她清脆的声音了。看着她一天天快乐，我心中的愁云才慢慢散去了……

我想，我是那样地感激，正是因为有了"泓子姐姐信箱"，传递着爱的力量，架起了我和学生心与心之间的桥梁，提供了我们师生沟通的机会；增进了我对孩子的了解，让我更加关注生命，让我的心与童心相连，走进孩子的心灵世界。心灵信箱，伴着我和孩子们共同成长，在新课程的天空共同编织美丽的梦想！

为你点亮心中的灯

◇ 柯秀妹

时光，仿佛又回到三年前我任教的那个美丽的校园里……

上第一节课时，可能是因为我幽默的介绍和真诚的目光打消了师生间的拘谨，不少同学很快跟我熟悉起来，一堂 40 分钟的课在民主、和谐的气氛中结束了。我心里暗暗高兴，看来这次抽签的运气不错，这班学生的学习成绩虽然参差不齐，但他们看起来举止大方、衣着整洁。以前接班时都会发现班里有那么三两个"问题生"，今天留心观察，直觉上没有发现什么"不良分子"。一时我踌躇满志，对这班学生充满信心。

可是随着时间的推移，一个叫海的男生逐渐进入我的视野。他长得虎头虎脑、浓眉大眼、唇红齿白的，论外表，他绝对称得上"优质品"。可就是这么一个"优质品"却令我苦恼不堪：上课从不举手，提问从不回答，迟到是家常便饭的事。更令我头疼的是，他三天两头不做作业，问他为什么没做，除了"忘了做"，他从不做任何的解释，脸上永远挂着是一副"漠然的微笑"。有时被我逼急了，他也或只做一两道题应付，或只字没写交上。哎！金玉其外，败絮其中，人真的不可貌相啊！刚开始我还能和风细雨地引导，苦口婆心地规劝，可一点起色也没有。慢慢地，我也失去耐性，批评、训斥，恩威并施，能用上的招数都用了，可他还是"涛声依旧"。从教十几年，什么样的学生没见过？怎么从来就没见过这样的"软钉子"？海，你是我心中挥之不去的痛！

一天，我在办公室里又为海的事叹息时，刚好以前教过海的一位老师有事找我。知道我的烦心事后，她告诉我，刚上一年级时，海的学习和各方面的表现都很不错，可不知怎的，后来他慢慢变了，上课不听了，作业不做了，

话语也少了，对什么事都漠不关心。教过他的老师都对他没辙，只好给他"冷处理"，只要不影响上课，他爱干吗由他去。听说他的家很不幸，嗨！这孩子也太不争气了……

会不会是家庭的原因导致孩子的成长失衡呢？多少了解一些心理学知识的我敏感地联想到这个问题。看来，我得找个时间好好地跟海的妈妈谈一谈。

海的母亲如约来了。这是一个面容憔悴的中年妇女。从交谈中得知，海的父亲从小就患有精神病，脾气暴戾，喜怒无常。母亲是个外来工，我们这儿有个非常不好的习俗，把外来工统称为"北仔"。这是个受歧视的代名词。由于父母的"特殊身份"，打懂事起海就经常遭受不公平的待遇，尤其是父亲失控的言行，更是成为同学和伙伴的搞笑材料。海的自尊受到极大的伤害。渐渐地，孩子的性格越来越孤僻，脾气越来越暴躁，书也念得越来越差。孩子在外受气后，以前回家只是哭闹，后来发展到学他父亲那样打自己的母亲。"母亲不让孩子出气，孩子的气又能撒向谁呢？对别人哭诉，没用的，结果只能带来更多的鄙视。孩子有什么错？却要承受如此的不幸？"这位可怜的妈妈指着手臂上一处被海咬过的伤口泪流满面地哭诉。

海母亲的话如钢针一样，字字刺痛了我的心。海，你小小年纪就背着如此沉重的包袱，而我却从未觉察，同学的无知言行，我也闻所未闻，我这老师是怎么当的？我为自己的粗心和疏漏愧疚不已，要是自己能够再耐心细致一些，也不至于开学快一个月才了解到事情的真相。亡羊补牢，为时未晚，怎样才能把"牢"补得结结实实又"天衣无缝"呢？我苦思冥想，终于有了主意。

一天放学后，我悄悄地留下了除海以外的所有同学。同学们都睁着好奇的眼光看着我，不知老师的葫芦里装的是什么药。我先让他们看看班里少了谁，再说说为什么海没参加。我的话就像在平静的湖里投进块大石头，同学们的议论阵阵地荡漾开来：有的说是因为海学习不好，老师不让他参加；有的说海怕挨批，逃之夭夭了；有的说海又懒又散，什么活动都不想参加……同学们对海的偏见超乎我的预想。可以想象，面对这样的学习伙伴，海的精神压力有多大！他在这样的环境里怎么能够健康地成长？不管同学们说什么，我都耐心地听完。平静自己的心情后，我把海母亲诉说的那令人痛心的"内幕"转述给同学们听，说到动情处，我几次哽咽得说不出话来。随着"故事"

的一步步深入，刚才还一脸幸灾乐祸的同学慢慢地低下了头，教室里一片寂静。我相信，天性本善的孩子们，此时只有心与心的碰撞，情与情的交融……

过了一会儿，班上的"调皮王"抢先站了起来，眼眶湿湿的，他坦诚自己欺负海的次数最多，他说自己只是觉得好玩，没想到会给海带来这么深的心灵伤害，现在心里十分后悔，今后自己再也不做这种事，也决不允许别人这么做。班长燕接着说，自己虽然没有直接参与过欺负海的事，但身为班长，事不关己，高高挂起，这对海也是一种伤害。她表示，为弥补自己的过失，今后在学习上一定要尽力帮助海。听着一段段的忏悔录，我看到了一颗颗希望星。都说孩子的爱是最纯洁的，我相信，只要有爱，枯木逢春也花开。

不知不觉中，海交作业的次数多了，做错的题目少了；自信的表达多了，回避的眼光少了；身边的伙伴多了，孤独的背景少了；灿烂的笑颜多了，冷漠的表情少了；胸中的阴霾散了，心中的明灯亮了……

真诚希望善良的人们能够继续点亮他心中的灯，照亮他脚下的路。

那年秋天，桂子飘香

◇ 岳蕾香

湛蓝的天空下，连绵起伏的群山温柔地环抱着半山坡的学校。由钢筋水泥混合成的教学楼在寂寂的群山中像中世纪的城堡一般威严、宁静。踏着金秋迷人的旋律，我奉命来到了这所学校。

初来乍到，伴随我的除了秋季金黄的阳光和悠然南山的诗意，更有一种莫名的失落感轻烟似的笼罩在心头。那天，教导主任宣布任课老师的课程安排时，我一下子懵住了，委屈的泪水在我眼眶里直打转。要知道，我可是有十年教龄的语文科老师，而今却要我改行转教毕业班的数学课。记不清自己是怎样挪出会议室，虽然阳光下不乏真诚的笑容和关切的眼神。轻愁如烟上了眉头又摇曳在层林尽染的秋色里，耳畔似乎又回响校领导恳切的话语："学校确实紧缺数学老师，你年轻，可塑性强，我们都相信你行。"

"我行吗?"扪心自问而又底气不足。带着壮士荆轲的心情，我立马上任。"同学们，我是你们的班主任兼数学老师。在这之前我没教过数学，但我有信心把课教好。当然这种'好'离不开你们的帮助和支持，且让我们互相学习，共同进步。"也许是自报"家丑"的开场白逗乐了他们，教室的气氛一下子活跃起来。孩子们晶亮的眼眸神采飞扬，40 双眼睛热烈而又专注地看着我。突然，一个看似淘气的学生面红耳赤地站起来："老师，您说互相学习，共同进步，那么我能不能考考您呢?"他紧张地问。我微笑着颔首，全班同学对这个小男生投以敬佩的眼神。于是他给我们出了这样的一道题目：饲养员叔叔带着老虎、山羊和一棵白菜在回动物园的路上被一条河挡住了路，河上有一条渡船只容得下一人一物，请问饲养叔叔该如何完好无损地把老虎、山羊和白菜带回动物园呢?

好家伙！我不由得对这个小男生投以赞赏的眼神。同学们议论纷纷，各抒己见。这欢乐融洽的课堂气氛是我以前所未经历过的。原来所谓的"乱班"是孩子们喜欢钻研一些课本以外有趣的智力题。想到这，我如释重负地笑了。讨论了一会儿之后，教室里渐渐地安静下来。得意而又故作神秘的表情写在两三个同学的脸上，其他的同学则把探询的目光转向我。于是，我转过身郑重地在黑板上写下：老虎、山羊、白菜，并用线段图的方式标出渡河的方法。听我详细地讲解后，教室里响起了雷鸣般的掌声。在这快乐的掌声中，我如烟的轻愁消逝在霭霭的群山里。当我轻快地迈出教室的刹那，触目青山，觉得清秋的绿意是那样地沁人心脾。正是桂花盛开时节，星星点点的米黄色小花在绿叶丛中犹似满天的繁星。空气中，弥漫着一股浓浓的醇香，这些不起眼的米粒般的小花，竟会迸发如此馥郁的浓香，它们犹如我这些可爱的孩子，小小的，香香的，让人深深地着迷。

也许是言传身教的缘故，也许是潜移默化的作用，乱班不乱了。孩子们的学习兴趣如三秋桂子的花香日渐浓郁。大自然的规律是春华秋实，而我们教师的工作却刚好相反——秋种春收，在满山知了的欢叫声中，我以名列学区榜首的优异成绩送走了这批可爱的孩子。所不同的是，每年桂子花开时节，我的办公桌上总摆着一束桂花，绿叶小花，浓香四溢。这来自于一届又一届学生手中的小花，总将我的心湿润得一片宁静、恬淡。

其实我所能给予孩子们的无非是我的耐心和爱心；所给予的无非是孩子们内心深处渴望着被赏识的一次体验；所给予的无非是一种蜜蜂引路般的启示，我所给予的何其有限，然而孩子们所给予的回报却是那样地丰厚。孩子们也许不知道：送人玫瑰，手留余香。然而，他们的宽容和善意却让我更加自信，也让我勇于尝试并收获快乐。当四季的花香飘起时，我的眼前总闪动着孩子们灿烂如花的笑靥，平凡的心在生命的季节里因为感恩而激动着……

你有凉茶吗？

◇ **许丽红**

　　蓝天下，经常有被阳光遗忘的角落，看看我们的周围，是否有缺失爱的人。

　　我的班级就曾有这么一个孩子。

　　她叫 Q。我不喜欢她，现在的女孩子没一个像她这么懒的。头发没有幸福孩子的光泽，衣服也没有其他孩子的鲜洁，更重要的是，对于老师布置的作业，她经常一个字都不写，今天早上告诉你忘了带，好吧，给次机会，下午带来，隔天早上，还是不见踪影，再问之下，说是丢了，满腔的怒火再也压抑不住："走，我帮你回家找去。"骑着自行车，带着她走在回家的路上，离家越近，她由抽噎，改为大声哭泣（回想起来，当时的我真残忍），求我说："老师，让我自己找，行吗？我一定找来。"在她的再三保证下，我勉强同意。第二天，我看到她找来的生字书写本，一个字都没写。压下去的那股火，又升腾了起来，找个空，我来到她家。那是一个在高楼大厦背后，经过七弯八拐找到的小院落，光线不亮，一听说我是孩子的班主任，她的爷爷、奶奶没等我开口，就抢着向我告状："孩子的父母离异了，父亲没固定工作，就靠爷爷（六十几岁）到工地做小工为孩子缴学费。孩子生活习惯不好，卫生习惯不好，还经常偷……我有办法吗？"我于是安慰了老人家几句，把自己本来要说的话吞了回去，从此不再想去告状。作业没写，那就找时间补吧！

　　其实她很聪明，虽然学习习惯不好，但成绩并不差。期末，学校由原来一个奖学金名额改为每班三个名额，两名奖励优秀生，一名奖励贫困生（奖金 100 元）。贫困生奖给谁呢？我一下子就想到了她，她爷爷、奶奶实在太苦了，冲着这点就给她吧！（我当时，只出于可怜）只是在宣布时，我告诉全班

同学："这学期，学校给我们三个奖学金的名额，两名奖励期末考前两名，而一名是奖励给进步大的同学，我们班的 Q 同学的进步很大，这应属于她。"哇，同学们都羡慕地望着她，她脸一下子红了，羞涩地笑了，腰挺得直直的。鉴于她不好的生活习惯，我怕她把钱拿去花掉，就当着全班的面告诉她："你的进步这么大，我很高兴，我要亲自到你家里，把这个好消息告诉你的爷爷、奶奶。"并真的在第二天去了她家，宣布了这个喜讯，她爷爷高兴得直搓手，站也不是，坐也不是。

此后，印象中，我记得并没再对她做过什么。三年级，我还带这个班，我惊喜地发现，她好像长大了很多，开学初交上来的假期作业工整、一题不落，并把这种习惯，一直延续下来，当然孩子的习性是会反复的，偶尔一两次没完成作业，我并不很责怪她，补吧！一段时间，我还发现，她家长再也没向我告她的状了。

回想起来，我对她的关怀并不主动，也更谈不上热情，只是随手给了她一杯凉茶，可是在缺少水分的沙漠中，它不亚于一股甘泉。我庆幸，在发给她奖学金时，并没有直接告诉她这是接济贫困生的，换个角度，让你去领贫困救济款，只要你的生活还过得去，你是不愿意到公众面前去接受大家怜悯的。你告诉她，你是个贫困生，那就等于宣布全班你最穷，多没面子。自己无意中做的一件事，对一个孩子的影响竟如此之大，所以不要小看自己的力量，因此，我也经常反思我这样做对吗？会伤了孩子的心吗？

Q 的事，我感到汗颜，但今后，我会尽量准备凉茶，守候在盛夏的十字路口，并用自己的热情将它逐渐加温，去迎接冬天的到来。

你有凉茶吗？也请给我一杯！

星　　愿

◇ 陈文珍

　　转眼又开学了，习惯了一年级教学的我这次又担任了一年级的班主任。新生报名注册、做学籍卡、制定教学计划、写教学进度……压得我真有点喘不过气来。按照教育局关于新生的入学规定：每个学生必须年满六周岁，且要持户口本来报到，做到严格把关。这一天，好多家长都带着自己年幼的孩子来报名，整个上午我都忙得不可开交。下午五点半，学生家长都走了，我也可以松口气了。

　　我整理好学生报名时的户口复印件，刚想结束这一天的工作。

　　"老师！"一声怯生生的童音传来，循声望去，映入我眼帘的是一张粉红的可爱纯真的小脸。

　　"小朋友，你有什么事吗？"我问道。

　　"老师，我也要报名读书。"

　　"你叫什么名字？今年几岁了？"

　　"我叫小星，今年7岁了。"

　　"好可爱的名字啊！爸爸妈妈呢？"

　　"爸爸去打工了，我和奶奶住在一起，今天奶奶生病了不能来。"

　　"那妈妈呢？"

　　"我没有妈妈。"只见她低下了头。

　　看来这是一个可怜的孩子。此时我的心里不禁对她充满了怜爱。

　　"你带户口本了吗？"

　　只见她摇了摇头，一脸茫然。

　　"哦，那你明天和爸爸一起带户口本来报名好吗？老师在这里等你。"

"好。"她懂事地点点头,像只小鸟一样快乐地飞了出去。

第二天,新生都拿到了课本,兴高采烈地坐在了教室里,可是却不见她的影子……

第三天,她还是没来。夜里,我梦见了一颗流星,在深邃的夜空中划过。我想抓住它,可它却马上消失了……啊!都怪自己太粗心,忘了问她的住址。我的心里充满着焦急与无奈。

第四天下午,晚霞染红了天边,夕阳渐渐远去。突然,门口出现了一个蹦蹦跳跳的身影,是她!跟在她身后的是一位略微驼背的中年汉子,岁月的皱纹过早地爬上他的眉梢,看起来略显苍老与憔悴。他应该就是小星的爸爸吧!

"怎么到今天才来?"我急忙问道。

"老师,真对不起,我一直在外打工,孩子一直跟他奶奶过,碰巧这两天老人病了,直到今天才打电话通知我回来。"他愧疚地说。

"户口本带来了吗?"

"老师,她没户口。"

"怎么,她不是你的孩子?"我疑惑地问。

"不瞒老师……"他吞吞吐吐地说,"小星是我一天晚上从路边捡回来的,我也还没娶老婆,养个孩子以后才有个依靠……"

"什么……"我不禁愣住了。

"我又没文化,不懂读书还要拿户口本,要不,我就去找村长,让他开个证明,孩子您先收下,老师,求您了!"

我抬起头看到了他那饱经沧桑的脸,在那凌乱的头发下有着一双无奈、浑浊的双眼,这让我不由得想起了罗中立《父亲》中那个淳朴厚实的老人……

我和学校领导讲明了原因,学校同意了先让孩子报名入学。当我问起小星的出生年月以便登记时,这位父亲又愣住了,低头想了好久,才焦急地对我说:"老师,我……我也不知道她的生日呀!哪一天抱回来的,我也忘了,要不,您……您就帮我想一个吧!"

唉!!!

此时,小家伙的眼神黯淡了下来,似乎想起了什么,她拉了拉我的衣角,

难过地说："老师，别人都说我是没有人要的孩子，我也没有生日。"

我听了鼻子一酸，赶紧把她搂在怀里，安慰她说："小傻瓜，那是爸爸骗你的，因为爸爸要等小星上一年级懂事了，才告诉你生日是哪一天，并且爸爸还告诉老师了，如果小星在学校表现好，就每年都给你过生日。"

"老师，是真的吗？我的生日是哪一天呀？快点告诉我吧，我一定会很乖的。"

"你的生日是……10月1日，跟祖国妈妈是一样的。"我灵机一动。

"噢，我有生日了，我的生日是10月1日，我也有蛋糕了……"小家伙兴奋得在我的身边绕了几圈。

看着小星那高兴劲儿，我不禁会心地笑了……

每一颗星星，都有它发光的权利；每一颗童心，都渴望得到别人的呵护与关爱。只要我们与爱同在，每一颗"星星"将会越来越美丽。

石头的故事

◇ 林 丹

这是一块雨花石，它很普通，普通得别人不会多看它一眼。然而于我，它是无价之宝，并且我认为这么评价它，一点也不为过。

夏天的一个中午，我坐在二（1）班的教室里。班上静悄悄的，大家都各自忙着自己的事。一个女孩猛地站了起来，带着激动的神色。她急急地走到我的面前："老师，我哥哥骂你！"语气里尽是愤懑。我十分纳闷："你哥哥是谁？他为什么骂我，我有对不住他的地方吗？"她只说哥哥在三年级，提到原因，她沉默着摇了摇头，我摸摸她，让她回到了座位上。

独坐着，在百思不得其解之中，我又把她叫了过来，问："你平时脾气挺坏的，是不是和哥哥吵架了？"这一问，她又激动了起来："是，老师，我们经常吵架。这几天他老骂你。"我心里有些明白了，为了求证，我再问："老师确实不认识他，也没有在无意之中伤害过他，对吗？"她肯定地点头："是的。我对他说'不许你骂我的老师！'可他还是不停地骂。"

"是只叫我的名字吗？"

"是。"

我完全明白了，在某些地方，如果小孩互相谩骂，会大声地叫对方父母亲的名字，以此来羞辱对方。而我的名字，竟然有幸成了这位仁兄的"骂资"。啼笑皆非的同时，我掂出了自己在这女孩心中的分量。

"你们平时吵架，都只是为了一些小事，是吗？"

"是的。"

"老师知道你的脾气很急躁，可能你哥哥也是，但你们是亲兄妹，要相亲相爱，不能总因为一些小事就吵架，你说对吗？"

她又点点头。

"你回家对哥哥说，老师不怪他，但你们以后要互相原谅对方，再也不吵架了。你愿意吗？"

她恢复了平静。

时隔不久，还是在班上，她悄悄地蹭了过来，睁着澄净清明的眼，看着我。她举起右手伸到我面前，手握着。我疑惑地用眼神询问她："怎么了？""老师，我哥哥说他以后再不跟我吵架了，还把这个送给我，现在我把它转送给你。"在她摊开的手心里，静静地躺着一颗石子，它接近椭圆，闪着晶莹柔润的光泽。我接过了它，凝视着，心头掠过一阵惊喜。

我拥有许多石头。我喜欢它们，因为它们的沉默虚静。我总惊异于它们所经历的漫漫历史，让我感到无比神秘，我拥有的，有的是姐姐送的，有的是小时候母亲给的，有的是我逛街时经不起诱惑掏钱买的，或者在旅游时弯腰从水潭中捡来的……每一颗石子，都有一个故事，都珍藏着一段美好的回忆。而这一颗将是最为独特的，因为它是一个学生给她老师的至高无上的奖赏，它包容着一个孩子纯洁透明的心。也许这颗心永不知晓它曾带给另一颗心怎样的悸动。

她叫文真，个子娇小却性情刚烈，容不得丝毫委屈。我与她的"交情"，说来令人难以置信，竟源于我的一句"对不起"。那还是在去年，她读一年级时，一次数学课，我发现她与同桌小声地吵了起来，两个人都满脸不服气。当时我只是简单地责令她们坐好，又继续上课了。可没过几分钟，她俩又横眉怒目，战火有愈燃愈炽之势。我再一次停下讲课，想了想，对她们说："老师不知道你们为什么吵架，但如果现在是因为老师骂了你们，害你们又吵起来，那老师向你们道歉，对不起！"我的语气极诚恳，"你们瞧，老师都愿意承认错误，你们愿意吗？别因为一点小事就伤了和气，影响上课。"此时，全班静悄悄的。她俩低下了头，互致了歉意。令人意外的是，其中一个还流了泪。她就是文真，平时宁折不屈的女孩。紧接下去的课堂气氛十分融洽。

时至今日，我仍未弄清她俩究竟为何争吵，而这已经不重要了。重要的是，它让我悟到，有时教师不妨也对学生低一低头，那样非但无损师道尊严，反而更能赢得学生的尊重，树立教师的威信，也许这位倔强的女孩还从未遇上一个肯道歉的大人。我的独特、诚挚与谦和恰好深深地打动她，而我只是

想让学生明白：宽容是一种美德。

　　如今，这颗石子就摆在桌上。我每天都能看见它。我经常握着它，感到手里沉甸甸的。每当此时，我就想起我的孩子们，心头总是格外的沉实。

老师的微笑

◇ 王丽清

在我的记忆里，至今仍保留着小学时陈梅庄老师的那次微笑。时隔久远，可它仍常常不请自来，使我沉浸在一种对于生命、工作的美好体验之中。

那年我读五年级。由于家里穷，我经常用表哥写剩的铅笔头。那时我真的很希望自己能拥有一支崭新的笔。一天下午，我吃过午饭就来到学校。当时同学们还没来，老师们也在午休。教室的讲台桌上，放着陈梅庄老师那支镀金钢笔，我偷偷把它放进自己的书包里。

下午第一节语文课上，陈老师找起了她的钢笔，从不说谎的我把答案写在了脸上。放学后，老师叫我去房间一趟。到现在我还清楚地记得，那时我的心就像要绑赴刑场似的狂蹦乱跳。一路上，老师的冷脸冷语，不断闪现在我的脑海里。我不敢想象老师会怎样惩罚我。到了她的房门前，我所有的感官全都紧张地张开了。门开了，露出了老师的脸，令我震惊的是，她竟是嘴角弯弯地微笑着的。一刹那间，我只觉得仿佛是阴沉的天空被捅出了一个窟窿，光芒四射的阳光瀑布般地倾泻而下，暖人心腑。我紧张害怕的心一下子松弛了下来。也许太出乎意料，那一刻，就定格在我的脑海里，成为一种永恒，使我至今仍可栩栩如生地把它再现出来。

谈话几乎是在老师的微笑中进行的。在她的微笑中，我认识到了自己的错误；在她的微笑中，我看到了老师为人师者的博大胸襟。她教育了我，但并没有使我感受到生活的寒冷。那个下午，对我而言，依然是生命中一个阳光灿烂的时分。那阳光，就是陈梅庄老师的微笑。

如今，我选择了和陈老师同样的职业。每每站在孩子们面前时，我总不忘微笑着面对他们。

感　谢

◇ 郑　静

　　我短短十年的教学生涯说起来仍是一张着墨不多的素描，上面没有什么斑斓的色彩，也谈不上什么炫目的光环。然而，回顾所来路径，那苍茫之中似有什么依然牵扯着我心中的感动。

　　记得那是师范毕业后不久的一个学期，我教一年级，每天都要为学生的大小事情操心，心情自然好不到哪里去，而那时的我对"师道尊严"这四个字是顶礼膜拜的，所以每天还少不了板着面孔捍卫。就在这样一个可恶的老师面前，居然有个小男孩小心翼翼地捧着一颗泡泡糖，大无畏地跑上讲台，兴冲冲地说："老师，给你吃。"说完，放下糖跑了。我目瞪口呆了，不知该说拒绝还是接受，只觉得有一股暖流脉脉涌上，渐渐凝成团，缓缓地流动。

　　今天，我知道要说什么了，我要说："谢谢你，孩子，你用稚嫩的行动为老师打开了一扇童心的大门，为我展现了一片比大海更蔚蓝，更辽阔的天空，你的容颜或许已经模糊了，可你带给我的感受却使我终生受用无穷。"

　　与乖巧的小男孩相比，我后来遇上的小锐则完全不同。后进生该有的，他一样不落下。但为了表示我这个班主任的博大胸襟，我常让他拿作业、分作业，就这么个苦差事，竟让他乐得颠颠的。从此对我鞍前马后，忠心耿耿。更妙的是，每天放学后，他从校门对面工会的门洞里钻出来，说一句"郑老师，载我"，就蹦上后架，直到丽晶酒店门口，才下车扬长而去。而认真准时的劲儿，仿佛是我的一个风雨无阻的情人。时间长了，同事们都取笑我说，小锐该不会有恋师情结吧！是吗，如果真是这样又何妨呢？想想，我何其有幸能占据他感情的一部分；再想想，多年后的一天，小锐或许不经意地向他妻子说起当年的郑老师，是否还记得今日我对他的呵护有加，孜孜不倦？那

时的我肯定早已风华不再，"尘满面，鬓如霜"。哎，收起翩翩浮想，我想自己还是应该感谢小锐，虽然他没给我优异成绩的回报，但他至少锻炼了我的车技，培养了我的耐性。

是啊，我该心存感谢，感谢所有带给我悲喜的学生，感谢他们串起了我生活的全部。全部里我忘却了许多，铭记的仅是点滴。点滴足矣，点滴里我已体会到一种清朗的快乐。快乐足矣，快乐中我可以细细品味，终于顿悟了，原来教师这个职业竟是一个美丽的桃花源，因为过往的学生永远年少、真诚，所以我也将永远拥有一片年少、真诚的天空。

那些值得尊敬的老师们

◇ 王金龙

令人崇敬与倍感温暖的老师，一如既往的少。当我努力回忆自己的学生生活，当我努力回想自己有限的阅读经历，当我努力追寻脑海中留下的几许美好的印象的时候，我所搜索到的只有依稀几个（幸好还有这么依稀几个）。只有这少数的几个人散发着微弱的光，而这微微之光却要透过层层迷雾照亮人们孤寂空旷的心际，多么遥远与渺茫。然而，我是多么愿意穿过苍茫的夜色和浩瀚的时空和他们生活在一起，哪怕是看上他们一眼，哪怕是站在他们身旁一分钟，也足以感动并温暖自己一辈子。

"海伦常有，而莎莉文不常有"

出生才19个月，一场灾难使海伦·凯勒失聪失明，从此生活在双重黑暗之中。这是一种多么可怕的生活啊，小小的年纪就要承受如此巨大的不幸，也难怪海伦在莎莉文到来之前经常无故就会发脾气、砸东西、又踢又叫，一直到筋疲力尽为止。

"活脱脱是一个野蛮的孩子，在安妮·莎莉文老师来之前！"海伦自己是这样认为的，但我们可以吗？我们可以想象这样的生活吗？我们怎么想象得出一个盲人是如何学会阅读学会感知生活的五颜六色，一个哑巴是如何学会发音说话学会诉说心中的思绪，一个聋子又是如何倾听人世的旋律？是老师——安妮·莎莉文小姐使这一切成为可能并成功。在这里我不想也无法详尽地论述奇迹何以成为奇迹，海伦·凯勒，而且很多人都做过这方面的表达，我只是想转述一个学生对一个老师的满怀感激和深切的回忆：

"老师安妮·莎莉文来到我家的这一天，是我一生中最重要的一天。"

"莎莉文老师走进了我的生命，让我张开了心灵的眼睛……我永远也分不

清，我对所有美好事物的喜爱，有多少是自己内心固有的，有多少是她赐给我的。……我生命中所有美好的东西都属于她，我的才能、抱负和欢乐，无不由她的爱所点化而成。"

"假如给我三天光明，第一天，我要看人，……首先，我希望长久地凝视我亲爱老师——安妮·莎莉文的脸庞……"

"一个视力从小就很差且不太健康的弱女子，只身远离朋友，来到一个村落，这种勇气不能不说是受了冥冥中某种力量的支配。她为我不辞任何劳苦，以她微弱的视力为我念了许多书，且成为我与这个世界最初也是最主要的桥梁。我与她非亲非故，她为我所做的一切，岂仅是因为'喜欢我'这句话所可以解释的。"

……

还有很多很多这样满怀深情与感激的言语充溢在《假如给我三天光明》这本书里面。差不多书的每一页都有着安妮·莎莉文的名字，如同海伦·凯勒的一生都有着安妮·莎莉文老师的身影一样。

我常常想：如果一个老师，在自己一生的教书育人生涯当中能有一个孩子这样满怀感激地怀念自己，作为老师，那么还会有什么比这更值得自豪和赞誉呢？

海伦·凯勒是人类战胜自身战胜各种困境的骄傲；安妮·莎莉文则是所有老师帮助学生成长最值得自豪的典范。然而，有句俗话是这样说的：海伦常有，而莎莉文不常有！堪称伟大的老师一如既往的少，自然，堪称伟大的教育也是一如既往的单薄细微。也许我们永远也成不了这样的人，但我们需要她！

"父亲般的形象"

但丁5岁那年，母亲去世了。幼年丧母是人生的一大悲剧，对于心灵敏感的诗人更是一大重创。母亲的过早离世严重地剥夺了但丁童年的欢乐。自那后，但丁就有了一个怪癖，那就是经常不与任何人说话，哪怕只跟父亲在一起，他也从来不主动说上一句话，以至于他的老师鲁内托·拉丁尼刚开始还以为但丁是哑巴或者傻子。因为刚上课的时候不管拉丁尼问但丁什么，但丁除了睁大眼睛露出谜一般的脸以外，一句话也不说，不声不响得如同白痴。后来拉丁尼才知道，是由于母亲的离去使幼小的但丁变得闷闷不乐郁郁寡欢

的，善良的拉丁尼便开始对这个孩子采取了另一种教学方式，那就是给但丁爱和关怀。拉丁尼经常拉着但丁的手到草地里捉蝴蝶，经常帮他解开心结，给了他足够的自由去学习，更重要的是去感受爱，感受老师同学对他的关怀和期盼。以至于但丁把拉丁尼当成了自己的父亲，一个自己十分喜欢并愿意跟随的父亲。

在《神曲》的"地狱篇"里，但丁描写了他对拉丁尼（一译拉蒂尼）的感激之情："你是一点一点地教导我如何使自己成为不朽，你那种亲切、和善、父亲般的形象，始终固定在我的记忆中……"多么美好的回忆，多么牢固的记忆，是一种不朽的爱与关怀使得但丁了解到世界的关心和爱意。这些来自老师的关心与爱意深深地影响着但丁的一生，使得但丁在颠沛流离的漂泊生活中，没有失掉对真理的追求与美好的渴望，依然高昂高贵的头颅，在流亡中斗争，在痛苦中写作，在忧愤中悲唱。

但丁为世界留下美丽的诗歌，拉丁尼为我们留下了值得尊敬的教育佳话。如果爱有力量的话，我相信这就是爱的力量的彰显，如果教育有力量的话，这就是教育的力量的最好的体现。

一个不知名的年轻老师

8岁的那一年里，巴尔扎克被送到寄宿学校读书。学校管教非常严厉，明文规定学生不能大声说话，不许随便到处走动。平时的规定就如此之多，上课时的情况就可想而知了。如果里面的人感到压抑还不足以形容的话，那用地狱来形容巴尔扎克当时所在的校园就比较恰当了。在这所以严厉著称的学校里，巴尔扎克的学习成绩并不好，所以他经常被老师关在一座黑糊糊的屋子里反省，这对幼小的巴尔扎克的自尊心有了很大的影响。

有一年的秋天，学校里调来了一位很年轻的老师，这位老师不教巴尔扎克他们班的课，却对他非常关怀与赏识。有一天，巴尔扎克被这位不知名的老师叫到了办公室里，老师对他说："这是一本法国历史书，你拿去好好读一下，一周以后还给我。"没想到三天以后，巴尔扎克就把书还给了这位年轻的老师，老师感到非常惊讶，于是他考了一下巴尔扎克，巴尔扎克便把书中的内容都背了出来。这位年轻的老师听到巴尔扎克的回答以后，非常高兴，便又把一本文学书借给了他。从此以后，巴尔扎克经常去这位老师这里换书看，渐渐地，他从书里懂得了许多道理，也渐渐地向现在人们心中的巴尔扎克

走近。

这个年轻善良的可尊敬的老师，在我所知道的材料没有记载他的名字，没有任何履历简介，只留下这件事来让人记取、回忆与感动。有时候，一件事就够人感动一辈子了。我始终对这位默默的人保持着高度的尊敬，是这些默默的人在默默中支撑起另一番事业。他们一文不名，他们来去无声，他们是落红，是化作春泥更护花的飘落的花瓣。是不是所有的老师都会在某个时候给这些孩子递上一本哪怕是小小的书呢？这不仅仅是一本书，更重要的是对人的培养和热爱，是对人的需要的满足与成全，是对孩子未来的关注与投入。名人伟人是这样成长起来的，那么，是不是所有的人都可以这样苗壮起来？

跟随他们的脚步

人生不能假设，但我还是常常这样假设着：假如这些杰出的人们，在最困难的时候，在最需要帮助的时候，没有遇上这一个人（一些人），他们的生活将是怎样的一番景象呢？他们是否还会有如此令人仰止的成就？他们的事业和心灵是否还会如此完善？他们是否还会有如此灿烂的人生？我不想过分夸大这些人在伟人的生命中起着多么巨大的作用，但至少我们可以理直气壮地断定：没有这些可亲可敬的人们在关键时候给予的爱与关怀，这些引人注目的人，肯定不会如此光辉灿烂。是这些值得回忆的老师们的一点光辉点燃了他们的熊熊烈火，是这些值得尊敬的老师们的一丝关爱使他们有了回报爱的力量与勇气。这使我想起一句非常美丽的话：教育本身就意味着：一棵树摇动另一棵树，一朵云推动另一朵云，一个灵魂呼唤另一个灵魂。

值得回忆与尊敬的老师寥若晨星，然而我相信他们光芒所到之处，必然留下温暖、感动、爱意、执著、顽强、刚毅……人世间所有美好的东西都集中在他们的身上，他们也在努力把这些美好的事物传递给所有的孩子，因为他们是世界上最值得回忆并永远尊敬的老师。

每个夜晚，临睡前，我总会闭上双眼，任思绪到处飞扬。当我双目紧闭，他们那可亲可敬的样子总会伴随着他们亲切的名字一齐撞击我的脑海。有时，我会感动得不知如何是好，更多的时候，我会羞愧得无地自容。但我喜欢这种感觉，也愿意他们的名字和形象时时进入我的梦乡，陪我度过一个又一个没有寒意却常常感觉很冷的夜晚。于是，他们是星光，是温暖，是坐标，是

方向……在这里，我绝不掩饰自己对他们的敬佩、羡慕和向往。

我相信，他们的高尚人格和动人事迹，不仅会温暖并感动一个又一个的人，也一定会让善良的人更善良，勇敢的人更勇敢，同时，也一定会让冷漠、虚伪、丑陋的人不再那么冷漠、虚伪和丑陋。

如今，他们一个一个都已经静静地飘逝了，飘逝在我来不及出现的年代里，遵循着生命对他们的牵引，留给人们一串又一串的感动。

我阅读有关他们的文字，抚摸嵌在扉页上的他们的容颜，追寻他们生命的履历和踪迹，我想，他们一定是化作了某颗星星，在遥远的天际闪闪动人，以一种看不见的力量指引着前进中的人们。在围绕着他们的温暖和光明中，我将永远在他们身旁！

跟随他们的脚步，让善良引导善良，让美好指引美好，让爱牵引爱，让这种感动打动每个渴望美好的人！跟随他们的脚步——矢志不渝！

这些值得回忆与尊敬的老师们，我是如此意犹未尽地怀念你们啊！

一张特殊奖状引起的思考

◇ 赖秋芳

今年"六一"节，我意外地收到了孩子们给我的礼物——一张印有花边的大红奖状，奖状上用毛笔写着："奖给好老师：赖秋芳老师。三（6）班班委会。"从教 20 年来，我给孩子们发过许多奖状，却从没想到孩子们会给我发奖状。一瞬间，一种难以表达的情感涌上心头，是惊喜，是激动，还是欣慰？也许都有吧，幸福的感觉在心里迅速涨涌，又缓慢地遍及周身……这是一张特殊的奖状，它闪烁着孩子们一颗颗善良的心，传递着孩子们一片片浓浓的情；这是一张特殊的奖状，它展示了孩子们独到的创意，表达了孩子们对老师的赞赏和鼓励。望着这张奖状，我不由得思绪万千。

那是一节晨读课，小闽同学迟到了，他低着头，站在教室门口。我走到他身边："能告诉老师迟到的原因吗？"他低头不语。我想孩子不说总有他的理由，于是我说："你是没想好怎么跟老师说，对吧？等你想好了再说，好吗？"我一边说一边示意他进教室。放学后，我发现小闽跟在我身后。到了办公室，我问他："小闽，你是不是想告诉老师为什么迟到了？"没想到他还是像早上那样低头不语。我一时也不知道怎么办才好，但是我告诉自己发火肯定是不可以的。因为我要求自己做到"走进教室，把微笑带给孩子；走出教室，把爱心留给孩子。"我拉起他的手，轻轻地对他说："好，不说就不说，老师先请你吃颗糖。"桌上放着小黄老师的喜糖，我顺手拿起一颗糖放在他手里。"老师，我错了，我……"小闽抬起头，豆大的泪珠在眼眶里打转，"昨天晚上我玩得太晚了，今天早上起不来，我……"他说着说着眼泪就掉下来了……这件事让我深深懂得，要让孩子消除戒备的心理，敞开自由的心扉，"宽容"就是一副灵丹妙药，它是心与心相互贴近、相互交融的催化剂。

新课程理念告诉我们，每个孩子都有自己独特的内心世界，有自己不同于他人的观察、思考和解决问题的方式。因此，教育不仅需要宽容，还需要尊重，尊重孩子的个性，尊重孩子的人格。尊重，能唤起孩子的自我意识，是孩子对自身力量的直接接受，获取成功的力量源泉。今年"五一"长假以后，我发现伟鹏同学变了，上课无精打采，作业没能完成，参加活动也有气无力。我心里有些着急，因为这是一个从外地转来不久刚刚激发起自信的孩子，再这样下去又要回到原来的状态。我仔细一想，这孩子自尊心特强，又有灵性，学习不好只是基础不扎实，我切不可施予简单粗暴的方法。我想好了办法后把他找来，告诉他说："老师这几天发现我们班丢了一个同学。""没有啊……"他一脸迷惑。"我要是说出来，你愿意帮老师把他找回来吗？""当然愿意。"他满口答应。"老师发现原来那个朝气蓬勃、充满活力、勤学好问的伟鹏不见了，你能把他找回来吗？"听了这句话，他脸上的笑容消失了，慢慢地低下了头，小声说："老师，我知道自己该怎么做了。"果然，从那以后，那个活泼可爱的伟鹏回来了。

"没有爱就没有教育"，这句话说得多好啊。宽容是爱，尊重是爱，赞赏是爱，关注也是爱。这样的爱是博大的，它是老师真挚情感的自然流露，是老师人格魅力的展现。只要你心里装着孩子，想孩子所想，急孩子所需，你就拥有这份爱。记得那一次课间，当我走向教室准备上课时，孩子们向我跑来："老师，诗琳中午没吃饭，肚子饿得不得了啦。""老师，诗琳没有力气上课了。"……我走进教室一看，诗琳果然趴在桌子上。我走到她面前，摸摸她的额头，感觉没什么异样。我低下头，轻轻问她："你肚子饿了？"她无力地点了点头。这时上课铃响了，我对同学们说："同学们，诗琳同学肚子饿了，老师带她去解决这个问题。你们先小组合作，交流一下预习的情况，怎么样？""好。"于是我牵着孩子的手向学校的厨房走去……

"为了每一位学生的发展"是新课程的核心理念。从这一理念出发，教育要以人为本，着眼于人的发展。回想我们长期以来的传统教学，重认知轻情感，重教书轻育人，以知识为本位使得教育丧失了对学生的人文关注。面对为师者的尊严，学生只能被动机械地接受，他们成长中的亲身经历、情感经验、心灵感悟都被忽视了。走进新课程，我们注重建立良好的师生关系，营造师生间和谐、真诚、温馨的心理氛围，关心爱护每一位学生，让每一位学

生都感受到老师的热情和真诚，感受到老师的关爱情怀。事实告诉我们，教师付出多少情与爱，学生就回报你多少喜和乐。这一张特殊奖状是我教学生涯中一道亮丽的风景，因为它是学生对我在新课程理念下转变教师角色的一种激励评价。我将继续我的努力，让自己的身心融入孩子们的生活世界，让师生彼此的心灵得到更多阳光雨露的滋润。

走出童年的噩梦

◇ 林　燕

　　童年的那场噩梦又清晰地浮现在我的眼前——

　　那是我上小学五年级的时候，一天，班上来了一个从福州转学来的女孩。那个女孩又高又胖，戴着一副宽边眼镜，她坐在了最后一排的一个空位上。没过几天，一节数学课的上课铃声响后，数学老师一边走向讲台一边环视着四周，忽然高声叫道："林燕，你跟艺玮换一下座位！"我的脑袋顿时响起了一声闷雷，天哪，一向成绩优秀而又矮小瘦弱的我还从未坐过三排以后的位置。"快点！"老师的催促让我回过神来。我收拾好书包，迷迷糊糊地走到新座位，委屈的本能使我的眼眶潮湿了。那位数学老师似乎很满意地在班上踱了一圈，当她绕到我的身边时突然惊叫起来："你是不是红眼病，红眼病就不要来，会传染给别人的！"此时，刚才的那声闷雷犹如一颗炸弹彻底地把我炸得粉碎，我的泪水不争气地涌了出来。后来，听说那个女孩的父亲担任政府的某一要职，甚至还给那个数学老师送过诸如香菇之类的礼物。从此，我一见到那个数学老师就觉得脑袋发胀，而我的数学成绩也直线下降。因为这样，我受到她更多的责难和惩罚。

　　当时，许多学生私底下谈起她就咬牙切齿的，一副"君子报仇，十年不晚"的样子。可我实在不明白，我跟她又没有什么深仇大恨，她为什么要这样对待我。

　　童年的那场噩梦一直伴随着我的学习生涯。后来，我严重地偏科了。我喜欢文科，一直憎恶着理科。可是，在小学三年级时的一次数学应用题竞赛中，我曾获得年段第一名，当时被老师夸为"女状元"。那时，我是喜欢数学的。

那个数学老师是否会想到当初那个饱受不平与屈辱的女孩如今也像她一样走向三尺讲台？但是这个女孩却深知一个老师的粗暴、冷漠、势利、鄙俗将会给学生带来怎样的心灵创伤！曾几何时，这个女孩已经在爱的光环下走出了童年的那场噩梦，是她的学生抚平了她那颗饱受摧残的心灵。

我的学生都是直呼其名地叫我林燕老师，这样的称呼并不让我觉得有失尊严，相反，我觉得与他们的心灵贴得更近了。我教过的学生总是对我充满了依恋，远远地见到我就绽开了花儿一般甜美的笑容挥手呼喊："林燕老师！"那种溢于言表的幸福快乐总能久久地感动着我。这种幸福是那些因为不再是自己的学生而同自己形同陌路的老师所无法感受的。

低年级的学生是这样说的："林燕老师是最美的老师"、"林燕老师像妈妈一样亲"、"我常常梦见林燕老师"、"我希望是林燕老师的孩子"……

高年级的学生是这样说的："林燕老师上课有磁铁般的吸引力"、"林燕老师从不粗暴地批评我们，她总是用委婉、幽默的语气鼓励我们"、"林燕老师是我们最敬佩的老师"……

还有什么比这样的字眼更让人感动的呢？学生的心里自有一杆秤，它能掂量出每一位老师在他们心目中的分量。

我亲爱的学生怎么会想到他们喜欢的林燕老师在童年的时候有过这样的一个噩梦，但这样的噩梦永远不会重现在他们身上。如今，这个噩梦已经化作一种信念时时激励、鞭策着自己怎样用爱去滋润学生的心田，怎样给学生一个平等、民主、和谐的学习空间，怎样上下求索于漫漫耕耘路。

木棉花开

◇ 王军林

窗外，一片黄叶轻轻地划过，像一只金色蝴蝶，轻舞飞扬。很奇怪在这春暖花开的季节里，当所有的花儿都争妍斗奇的时候，却还有开始落叶的树。放眼望去，只见教学楼前的那棵木棉树高大挺拔，主干上长满了刺，树叶全黄了，在春风中轻轻地摇摆，发出沙沙的响声，这奇怪的南国的树。

"王老师……"正当我陷入疑惑时，一声清脆的童音打断了我的思路，转头一看，是她？

"有事吗？小岚。"我问道。

只见她面带羞涩，冲我微微一笑："王老师，这个给您。"说着她将一张小纸条递给了我。

"什么？我看看。"我接过了纸条。

"王老师，您呆会儿再看好吗？"她不安地说。

"好吧！"我也微微一笑，"记住，好好读书。"她临走时我又补充了一句。

小岚，13 岁，是个品学兼优的好学生，平时活泼开朗，才思敏捷，在五年级时还获过市级作文竞赛第一名，在众老师眼里一直是个不可多得的可造之才。但进入六年级以来，成绩不断下滑，上课总提不起精神，作业质量明显下降。据可靠情报反映，她这学期晚上经常在外闲逛，耽误了学习。是否活泼外向的她过分早熟？我想是这样的。因此在昨天的班会课上，我不点名地批评了班上个别同学不该只顾玩乐，而导致学习成绩一落千丈，劝诫大家应以学业为重，不可颓废。昨天我还特别观察到她一直低着头，我想今天她应该是认识到了错误向我认错的吧！

她走后，我迫不及待地拆开了纸条。

敬爱的王老师：

　　您好！我一直有个问题想向您请教，我想转学，手续会很麻烦吗？您能帮我办理吗？

　　向您致敬，祝您工作顺利，身体安康！

您的学生：小岚
2004 年 2 月 20 日

什么？转学？顿时，我的脑子里乱哄哄的，是我的态度过于严厉吓着了她吗？不会吧！我一直是采取和风细雨的方式点到为止的呀！是对我的指责进行"无言的抗争"吗？可看她刚才不是这种态度呀！真是丈二和尚摸不着头脑，整整一节课我都想不出个所以然。

放学后，在一团狐疑中，我把她请到办公室，气氛有点沉闷，我们的谈话开始了。

"你能不能跟老师说说转学的原因？"我不解地问道，语气中夹杂着愠怒。

"王老师，"她用略带颤抖的声音答道，"我……我……"

"你是不是对老师的批评不满意才提出这样的要求？再过一个学期就要毕业了，转学对你的影响是很大的，你可能会一时适应不了新的学校、老师，从而影响到你的学业，你知道吗？"没等她说完我便像连珠炮一样炸得她晕头转向了，我想这有助于她认识到转学带来的严重后果。

"王老师，"她低下了头，委屈地说道："不是这样的，我……"

"好，那你说说看。"

"因为……因为……"她怯怯地答道，"因为我爸妈搅了一碗混沌……"

"混沌？"我更是不解地望着她，只见她因紧张脸色愈发涨得通红，不停地用双手拉着衣角，衣服抖动了几下。我环顾四周，旁边还有几个老师正在改着作业。

"好吧，我们找个清静的地方谈谈。"我说道。

学校的三楼有一个很大的阳台，放学后，这里格外幽静。站在上面，俯瞰操场，一草一木显得更加清晰，球场上只见几个低年级同学还在快活地

嬉戏。

"好了，现在，你可以跟老师解释一下什么'混沌'了吧。"我试图心平气和地说。

"王老师，是我爸和我妈关系搞得一团糟。"

"噢！那……"

"他们已经协商好离婚了，我归我妈，弟弟归我爸。"她打断了我的话。只见她轻轻地舒了一口气，目光投向了远处的青山，睫毛一闪，接着说："其实，我妈早就说好要来学校找您，跟您商量转学的事，可上周，有个男的闯进了我妈的房间抢东西，还打伤她的后背，现在妈妈还在医院里躺着不能来了。"

我怔住了："那个男的是……"我刚想问，只见一滴晶莹的泪水从她的眼角滑落。

"王老师，您那天说得对，我也知道经常跑出去不好，可您知道吗？他每天都要喝酒、赌博，不管是喝醉了，还是赌输了，每天晚上都要拿我和妈妈出气，我是……真的……真……的……呆不下去了。王老师……我知道，您说的都是为了我们好，可我……"她抽泣着。

此时，我的心一直往下沉，好长时间竟讲不出一句话来。

啊！太多太多的因素，影响着学生的一切，家庭、社会……此时的我只能用只言片语来鼓励她，安慰她了。

"对不起，老师误会你了，不该没弄清楚就对你妄加指责，希望你能原谅，老师只是不想失去你这样优秀、懂事的好学生。"过了很久，我才挤出这样的一句话。

"你妈快出院了吗？代我向她问好，我等着她来办手续，好吗？"我接着说。

"嗯，谢谢老师，到了新学校，我一定会加倍努力，不辜负您的厚望。"她说。

"祝你好运！"

我不忍心看到她那因流泪而涨红的脸便把头转了过去。

在一片夕阳的斜照中，只见她的身影，朝我微微鞠了一躬转身离去，留下一串串沉重而坚定的脚步声。

仰望蓝天，一群鸟儿正从上空飞过，也许它们正在寻找今夜的归宿。操场那头，又见到了那棵奇怪的木棉树。一阵微风，黄叶又轻轻地，飞旋着，飘落，投向了大地母亲的怀抱。在这阳台上，我更加清楚地看到了它的模样，随着黄叶的落尽，它的枝干显得更加的突兀，在那光秃秃的枝干上，有许许多多的花骨朵儿已初见雏形。

原来如此！黄叶的落尽是为了让花儿有更多、更好的养分，才能开得更加的灿烂红艳！

百　合

◇ 陈红珍

　　洁白、漂亮的百合本是爱情的象征。然而，我心头珍藏着的一束充满爱的美丽的百合，却是一颗孩子幼小、炽热的关爱老师的心，它让我真切地体验到了为师的幸福与喜悦。

　　那是一个晴朗的日子，我早早地来到学校，许多孩子也来了，我和孩子们愉快地打招呼。正在这时，一群孩子簇拥着一个小男孩，欢笑着从校门口走来。小男孩手里捧着一束怒放的百合，那是一束怎样的百合啊？不大的枝干上开着七八朵花，一朵朵花儿像一个个可爱的小喇叭，精神极了，洁白如玉的花瓣上还带着晶莹的露珠……"多美的花呀！"我心里暗暗赞叹。再看看捧花的小男孩，原来是学校出了名的"顽皮大王"——五年级（1）班的小斌。我很是惊讶，心想："这顽皮鬼又玩什么花样呢？"想着想着，不知不觉小斌已来到我面前，脸上映衬着害羞的红云，怯怯地说："陈老师，送给您！"说着把花塞到我手上，飞也似的跑了。我还来不及向他道谢，他已不见踪影了。其余的孩子围着我嚷开了："陈老师，这花真漂亮！""陈老师，这花是小斌送给你的吗？真好看！""陈老师，这是小斌家最漂亮的花。他碰都不许我们碰一下呢！""就是，我们去他家的时候，他只让我们远远地看一看，不许走太近。""今天他却舍得剪下来送给陈老师，他对陈老师真好！""陈老师，我家也种了很多花，明天我也要把最美的一束送给您。"……天真的童言环绕着我，我的心里热乎乎的。

　　我精心地挑选了一个漂亮的瓶子，盛满水，把那束美丽的百合花插在瓶子里，摆放在桌上。顿时，我的房间仿佛增添了无限光彩。

　　望着美丽的百合花，我思绪万千……小斌并不是我班上的学生，他是个

顽皮的孩子，常常让老师们头疼，学习不好，违反纪律也总有他的份。由于他家在较偏远的山村，中午得在学校里吃饭。一天中午，我正准备吃饭，忽然听到学生饭厅里吵吵嚷嚷，我觉得奇怪，就走过去问孩子们："怎么了？"孩子们争先恐后地告诉我："陈老师，小斌饭盒里的水不知被谁倒掉了，他的饭盒里全是米，不能吃了！""那他人呢？"我问道。"在教室里。"我来到五年级（1）班，小斌果然在那儿。饥肠辘辘的他正坐在座位上小声抽泣呢！平日里顽皮霸道的样子一扫而光，此刻的他让人充满怜爱。我走过去，亲切地看着他说："好孩子，别难过了，也许是别人不小心把水倒掉的。走，到陈老师那儿，今天我刚好多蒸了一盒饭，给你吃。"他半信半疑地看着我说："陈老师，你真的有两份饭吗？"我笑着说："当然是真的。"说完便拉着他来到厨房，把我的饭给了他。他道了声"谢谢"便走了。第二天，我在办公桌上意外地发现了一张纸条，纸条上的字并不漂亮，错别字也不少，但看得出是用心写的。上面写着：陈老师，谢谢你！署名是小斌。以后的日子里，我发现他确实变了，变得有礼貌了，每次见到我总要甜甜地叫上一句："陈老师好！"学习上也更勤奋了，违反纪律几乎没有他的份了。我怎么也想不到，我那次不经意的帮忙，微不足道的关爱竟能使他有如此大的改变。眼前的百合花渐渐模糊了，取而代之的是一张张纯真、可爱的笑脸。我心潮澎湃，不禁为师爱的伟大而欢呼，为师爱的付出而快乐。

那束美丽的百合花呀，将永远绽放在我心灵的最深处！

感谢学生

◇ **戴欣欣**

又一个明媚的日子。放学后，我正在回忆一天的教育教学，反思得与失，几位初中生敲响了办公室的门。我很是惊喜，毕竟他们没有忘记我这样一位普通的小学老师。顿时，一股暖流涌上心田。

我很开心地接待了他们，在彼此浓浓的问候中，我了解到他们没有分在一个班，都当上了班干部，而且成绩都在年级的前列。在我热情地表示祝贺时，一位学生真诚地说："戴老师，十分感谢您。正是由于您的谆谆教诲，才有了我们今天的成绩！""哪里，哪里，这都是你们刻苦学习的结果呀！"我虽然嘴上这样说，但还是无法掩饰内心的激动。还有什么比得上学生发自肺腑的感谢呢？这可是对我工作的最高评价。我曾不止一次地期待过，今天总算如愿了。可他眸子一闪，狡黠得像只小狐狸："您也得感谢我们呀！"一句话说得我莫名其妙，怎么还要我感谢他们？为了他们，我付出了那么多辛劳，操了那么多心，没有我，能有他们今天的成绩吗？

"为什么？"我不太高兴地问。"我们听说你'升官'了，难道不是因为我们考试成绩好，在各类比赛中获得的荣誉多吗？"

我无言以对，骤然间感到脸上火辣辣的。说句实话，在这次提干中，他所说的虽然不是全部，但也是重要方面呀。近年来，正是由于学生成绩突出，我获得了先进教育工作者、优秀教师、优秀班主任等多项荣誉。这期间发表的 20 多篇论文，不也正是从他们的成长中受到的启发吗？老师是蜡烛，在光与火中，照亮别人的同时，自己不也得到了升华？然而，我却从未想过感谢他们，总认为学生的成才都是自己的"功劳"，只想着学生来感谢自己，今天才真正发现，原来，我还不如自己的学生！

　　我感激地握着他的手，惭愧地说："谢谢，是你们的成才使我有了今天的成绩；更感谢你，今天为我上了生动的一课。"没想到他调皮地学着我的口吻说："哪里，哪里，都是你刻苦钻研，辛勤工作的结果呀！"我们都笑了，谈话更融洽了……

　　送走了学生，我又陷入了沉思。从事教师职业已近 9 个春秋，酸甜苦辣的点点滴滴中，我真切地发现，学生给我带来的何止是成绩？他们纯真的心灵、天真的言行带给我多少欢乐！正是由于他们，我的生活才如此美丽！然而，又有多少老师能读懂这一切？有多少老师能想到感谢学生，真正感谢学生呢？他们和我一样，总是邀功自居，只想学生来感激自己。更有师德败坏者甚至凭借所谓的功劳向家长索取回报。我毅然拿起了笔，写出我平凡的一天中不平凡的经历。

　　因为学生，教育才如此伟大；因为学生，教育才充满欢笑。老师，感谢学生吧！

为学生打开一扇窗

◇ **周紫英**

今天，轮到我值日，我来回巡逻着，习惯性地扫视着四周。

忽然，一个男生乐颠颠地朝我跑来，笑眯眯地对我说："周副校长，您还记得我吗？"我打开搜索引擎，在记忆的木匣中使劲寻找着：是我教过的某一班的学生，是被表扬过的学生，还是某次重点谈话的对象？望着他熟悉的面庞，可爱的笑容，可我怎么也记不起他是哪年哪班的哪位学生了。见我迟迟不语，他心急了，说："您不记得了？上回我因为吃零食上了学校的培训班，您说希望在学校的表彰大会或是文明劝导员会议时咱们再见面。我做到了！今天，我真的成了一名文明劝导员啦！"说完，他乐呵呵地笑着，笑得如同这个春日阴雨后暖暖的阳光一般。

我压根儿没想到他还记着那陈年旧事。那是前年秋季，学校被烧烤、炸鸡条、烤红薯、珍珠奶茶等卫生状况极差的零食摊档所包围，每当入校前或放学后，各个零食小摊总是围满了学生。油锅发出呛人的油烟味，锅里的油泛黑，卖羊肉串的小贩一手收钱一手烤肉，那边一群学生正抓着炸鸡腿狼吞虎咽，地上则是塑料袋、红薯皮、矿泉水瓶横陈，使人看了极不舒服。于是，我下令各班找出最喜欢吃零食的同学，参加学校的培训班。

美其名曰培训班，实际上是思想政治课也，可我并不想板着面孔说教。当一百来号学生惴惴不安地坐在大会议室时，我开口了："食，人生一大乐趣也。美食，更是抵挡不住的诱惑。老师小时候也有零食情结，野果，冰棍儿，爆米花……都曾经是口中珍物……"此话一出，全场皆笑。笑过之余，我让

学生分成正反双方，说一说零食的好处与坏处。接着，在一番唇枪舌剑中，"敌敌畏金华火腿"、毒大米、毒粉丝、陈陷月饼、地沟油……各种不卫生的代名词进入了学生的视野；一条条有关零食的罪状被罗列了出来：如对身体不利，营养没怎么摄入，脂肪倒补进一大堆；再比如中午吃饭，饭菜不对胃口，吃一半倒一半的大有人在，有的甚至看一眼，倒掉之后就到小卖部报到。当然也有谈到零食的好处的：如解决饥饿，补充营养等。经过讨论，大家感受到：吃零食好处不多，坏处倒不少，不宜过量吃，一是对胃有伤害，二会造成缺钱干坏事，三是到处乱扔食品袋会污染环境。我说："吃零食不是错，但要讲究卫生，讲究地点，讲究营养，要吃出健康，吃出品味来，如写一写与美食有关的文章，懂得在合适的地方吃零食，懂得保护环境卫生。"最后，我慷慨陈词到："希望大伙能正确对待零食，不说再见，也不迷恋。该吃就吃，该舍就舍。衷心希望下次与同学们见面时是在学校的表彰大会上或是文明劝导员的会议上。大家能做到吗？""能！"回答我的是一片响亮齐整的声音。

声音是整齐的，但是步调并不一致，时至今日，还是有个别学生在零食摊前流连忘返。我曾为此苦恼过，彷徨过。而今天，当他站在我面前，快乐地向我报告着他的成长时，我深深地感动了：两年前的一次谈话，他居然记得如此之牢，并催开了他向往文明，期待进步，渴望成功的理想之花，这怎么能不令我动容呢？偶然的一席话，能够改变一个人的陋习，为他打开一扇窗，指明前进的方向，这就是为师者最大的幸福与乐趣了。

儿童是在成人的期待中长大的。卡耐基小时候是个大家公认的坏男孩。当年他继母的一句"你错了，他不是全群最坏的男孩，而是最聪明，但还没有找到发泄热忱的地方的男孩"，成为激励他的一种动力，使他日后创造了成功的28项黄金法则，帮助千千万万的普通人走上成功和致富的光明大道。我不敢奢望那番话能改写他的人生，使他成为卡耐基一样出类拔萃的人，但我想他会是一个拥有良好品行的真正的人，大写的"人"。真正的教育是建立在尊重与信任的基础上，建立在宽容与乐观的期待上。让我们用宁静的心态、平和的心情给无助的心灵带来希望，给稚嫩的双手带来力量，给迷蒙的双眼带来清明，给孱弱的身躯带来强健，给弯曲的脊梁带来挺拔，给卑微的人们带来自信。（肖川）

　　望着夕阳余晖下那张生动的脸庞，我高声地说："你真棒！加油呀！老师期待你更大的成功！""我会的！请相信我！"他坚定地说道。我仿佛看到一朵希望之花正盛开在他的心坎上。

"欢迎谢老师"

◇ **谢慧玲**

2002 年 9 月，我被学校选送到城区边上一所乡村中心小学支教，时间为两年。

日月如梭，一转眼临近支教结束还有最后一个月。可偏偏就在那一个月，我接到通知，要到龙岩参加市小学计算机骨干教师培训，时间一个月，这意味着我的支教生活可以提前结束了。很多同事和我打趣道："你可真幸福，提前解放了！"不过，我却开始担心：近一个月的时间，班上不就没语文老师了么？期末复习怎么办？孩子们怎么办？一连串的问题压得我喘不过气来，学校不像实验小学，可以临时抽、挤出专任教师来代课；请同年级的语文教师代课吧，也不现实，因为每位教师本身课程量已接近极限；为此而请一位校外业余代课教师的设想，也被校长否定了。怎么办呢？总不能放任自流吧？

经一位老教师指点迷津，于是，我一边抓紧时间把新授课赶完，一边利用课余时间，刻印了十几份的复习练习资料，用中午和傍晚的休息时间，和我的代班老师一块油印，好让我的学生在我去培训时，有事可做。说实话，这里可没有实小享福——练习出好送到油印站就行了。我到了支教学校，才学会使用油印机，油印时常常弄得一手一身都脏兮兮的，那手还特酸！可看着那一堆堆印好的练习题，心里就特舒服！出好练习题后，我又交待班干部，如果没有代课老师讲评，他们就要轮流讲评这些练习！一定不要因为老师不在学校，而落下学习。

带着那份担心，我到了龙岩。在培训期间，我常接到孩子们的电话："谢老师，您什么时候回来给我们上课呀？我们很想您！""谢老师，您不在，班上的一些同学都变坏了，不过，我们的练习都很认真做，班干部们

也像您一样认真给我们讲评。"……不知怎的，接到电话，我心有些酸酸的。恰巧，我们的培训提前结束，大家心里都暗暗乐着，学校又不知我们培训提前结束，我们完全可以抓紧这几天时间放松一下自己啦！然而我却很想赶快回家，立刻回到学校。

回到家的第二天，我悄悄地到了学校。第一节是数学课，但眼尖的孩子们很快发现了我，一下子围到办公室门口、窗前，笑嘻嘻地向我问好！那时，我的心甜丝丝的！说真的，每当听到学生脆生生的"老师好"时，我总会觉得是那样的自豪、愉悦！第二节课到了，我走向教室去，不知怎的，心里竟有些激动，前面四（2）班的孩子大叫着："来了，来了，谢老师来了！"当我走到所任教的四（1）班门口时，愣住了，所有的孩子端端正正地坐在座位上，笑眯眯地看看我，又看看黑板上写的几个大字："欢迎谢老师！"每个人眼里透着一股兴奋劲！我抑制住激动的心情走上讲台，轻轻地叫了声："上课！""老师好！"声音是那样的整齐而又响亮。这时，教室外爆响起一阵掌声，原来，（2）班的孩子们围在我班门窗外面呢！他们那薄而脆，然而又密集、热烈的掌声，声声入耳。看看班上孩子们那涨红的小脸，再看看门外孩子们那拍得通红的小手儿，又回过头来看看班上那几个写得不是很美却很用心的大字，我感到一种乡村孩子特有的真诚与朴实，霎时，我的眼睛潮乎乎的……其实，当我回到学校，离期末测验仅剩三天时间。三天后，期末测验的成绩出来了，我班的语文成绩名列年级第一，优秀人数竟比其他三个班的总和还多！难怪回校那天学生们显得那么自信，发自内心地写出几个歪歪斜斜的美术字，欢迎老师归来。原来，他们对学习已胸有成竹，对此，我备感欣慰。

回到实小后，我常能收到这个班孩子们的信。信中，除了向我汇报自己的学习生活，更多的是诉说他们的心里话："谢老师，您还好吗？我们很想您，真想您回来教我们！真的，有时候我们听老师讲课，常常会觉得您的影子出现在讲台前，是您在给我们讲课……""老师，我们五年级分班了，三个班的班长都是我们原来四（1）班的同学呢！老师，您现在的学生会不会像我们以前那样惹您生气？""老师，您还记得我吗？也许记不住了吧？但不要紧，只要学生心中还有老师就够了。"……每当收到孩子们的信，读着那质朴的语句，感受着孩子们的纯真，我有一点骄傲！有一点满足！是的，孩子们并不

需要我们老师为他们做太多，也许你只是尽了一个老师该尽的责任而已，而他们却会永远铭记在心。我真心希望在我的未来教学生涯中，能经常上演"欢迎谢老师"这样的动人一幕。为此，我会不懈地努力！

乡愁是一种紧张

◇ 林　美

是因为远方那场战争吗？还是因为自己的家园里这场突如其来的"SARS"疫情？又或者是刚过去的 4 月 19 日、20 日这两天全国自考日，我的考场失利？

总之，在这样一个春风轻柔、春阳明媚的春季校园，我无法快乐起来，战争、疾病、还有关乎自身的文凭都是令我无法开怀的因素，但我也知道，真正令我不得开心颜的还是手中抱着这一大叠期中测试卷，相信没有哪位老师能在这些高高低低的分数面前"超然物外"的，分数，它简直就像一根"指挥棒"，能让你欢喜让你忧。

现在的我就是在忧呢！这次期中测试也不知出卷的老师是怎样想的？整张试卷形式上是新颖了，填空题叫"知识宫里乐趣多"，选择趣题叫"快乐的do、re、mi"，计算题叫"神机妙算快又对"，应用题叫"应用知识真神奇"，可整张试卷的目的似乎还停留在"考倒学生上"。瞧吧，奥数的题目出来了，还有什么"用估算的方法去判断两个算式的大小"，根据新课标精神制定的"新版教参"里已明确指出"估算是一种思想，它的答案不是唯一的"，可怜啊，难倒了一大片学生不说，更造成了家长对老师教学能力的"怀疑"，因为我是初次接手这个三（5）班，家长对我还正处于观察阶段呢！相信只要是当老师的，马上就能理解我的感受了。接手一个新的班级，那可真是"万般滋味上心头"啊！学生考好，应该的，基础好嘛；学生考差了，家长质疑的目光马上会锁定在你身上；当然，也有美妙幸福的时刻，那就是原本学得不好的学生现在突飞猛进了，于是在家长心目中，老师便立刻成了英雄似的人物，只可惜这样的时刻又总是不太多，毕竟帮助学习有困难的学生进步，并不是

立竿见影的事呀！

我不知道这算不算当老师的一种无奈，反正，今天抱着这一叠试卷，看着上头家长签的意见，我有些欲哭无泪，看吧："望老师严格执教，不负我等家长之期望！"这还算是较客气较文明的说法呢！再看看下一张，"老师，我小孩子以前都是考95分以上的，这次只考了88，请认真分析原因！"天哪，是在暗示我去分析教的原因吗？

为什么家长们的眼里只有"分数"？难道他们就看不到孩子们的学习习惯在悄然发生变化吗？他们正逐渐地学会阅读课本，学会提问题，学会自主、学会倾听、学会合作交流，怎么我这半学期的成绩家长们就看不到呢？让我分析原因，我能怎么办？也只能请那帮没考好的孩子一起来分析分析了，这恐怕也算是校园内的"特色"吧，一级查一级，最终还是落在学生身上，真无奈！

到了教室，我一声不吭，只在黑板上写下了"写一写你在本次考试中的感受并分析错误的原因"几个字。望着几十个孩子握着笔杆作沉思状，又滑稽又可爱，换作平时我早就忍俊不禁了，不过现在的我笑不出来，在新课改中意气风发的我在这次考试面前有些"气短"了，和很多老师一样，我也困惑：是注重学生思维训练重要还是将其培养成"解题高手"重要？倘若说前者重要，可目前的考试制度又需要的是后者呀！倘若说两者都重要，可是这又好比是"鱼和熊掌"，而且又怎能要求一个孩子如此完美，他们毕竟只是孩子呢！

"叮铃铃"下课了，叫小组长把纸条收上来，我便迫不及待地回到了办公室，看了起来，没想到第一张便锁住了我的目光，很简短却字字令我难忘："考试时，乡愁是一种紧张，我在这头，考卷在那头。"

是伟煌同学写的，这是一个较沉默寡言的小男孩，半个学期下来，我对他并无特别的印象。也许他并不特别理解乡愁为何物吧，对他来说，乡愁只是一种烦恼的心情而已，又或者他只是不经意地套用余光中的《乡愁》格式，来描述他对考试的感受，可不知怎么的，我一下子便被打动了，我仿佛看到了一个小男孩在考试时和考卷之间紧张的对峙：考卷张牙舞爪，耀武扬威；小男孩握紧笔杆，严阵以待。之后考试结束了，而紧张的对峙却延伸给了老师：

"改卷时，乡愁是一种紧张，我在这头，考卷在那头。"

接着又传给孩子：

"分卷时，乡愁是一种紧张，我在这头，考卷在那头。"

再接着带给家长：

"签名时，乡愁是一种紧张，我在这头，考卷在那头。"

最后还是还原给老师：

"看家长意见时，乡愁是一种紧张，我在这头，考卷在那头。"

……紧张复紧张，不都是因为那恼人的分数在作祟吗？孩子们总爱说："考考考，老师的法宝；分分分，学生的命根。"可又有谁知道老师心头的无奈和伤感呢？虽说不再排名次，但统一考试仍会让人关注各个班级、各个学校、各个学区之间学科平均分的差异，有差异便有优劣之分，而最后"受伤"的还不是老师？

就像今天，倘若不是"考试惹的祸"，我怎会在这个美丽的季节让心情黯淡无光呢？而孩子又怎会滋生出"乡愁是一种紧张"的惆怅呢？梦想有一天我们的考试也像中央电视台《开心辞典》里一样可以"现场求助"，可以"场外求助"，还可以请求"降低考试难度"，那该有多好啊！相信那时的"乡愁"将不再是紧张，而是一种美丽的期待了！

但愿这样的一天早日到来！

伞 桥

◇ 林泳强

每年幼儿大班儿童临近结业的时候，园里的老师照例带他们到我们的学校来参观。今天，孩子手牵着手又来到了他们即将升入的小学。

这是一个阴雨天，凌晨刚下过一阵雨，他们参观完了教学楼，正要去参观综合楼时，已霁的雨又稀稀疏疏地飘落了，越下越大，看来一时半会儿停不下来。从教学楼到综合楼要穿过操场，他们都没有伞，老师和小朋友正急着呢。

那天陪同参观的是我校教育经验丰富的老校长，他灵机一动，让带伞的大同学到操场上，撑着伞一对对排开，一对接一对，一直通到教学楼。于是，从教学楼到综合楼的操场上便出现了一座长长的伞桥。孩子们仍是手牵手，像是在欣赏一次奇妙无比的演出那样，蹦蹦跳跳地从伞桥下经过，他们看看头上的花伞，看看伫立在雨中为他们遮风挡雨的大哥哥大姐姐，一个个兴奋不已。从综合楼的高处看去，操场上那五颜六色的花伞搭成的桥，多像一条绚丽的彩虹，又似一条美丽的画廊……

啊！多么奇异的桥啊！带着美与爱，带着关怀和期待，给每个幼儿留下永生不灭的记忆！

这是我教师生涯中遇到的最难忘的一幕，我的眼睛湿润了，为校长的创举由衷喝彩，他在不经意之间就进行了一次内涵丰厚的教育啊！

教育是什么？

教育是一种爱，在儿童心灵蒙蔽阴霾的时候，这爱的光芒会驱散愁云浓雾；

教育是一种美，用温情调剂美的色彩，轻轻地洇染，柔柔地滋润；

　　教育是一种关怀，在儿童渴望奔跑的时候，铺一条路，让他们洒脱前行，在他们渴望跨越的时候，给他们垫脚的基石：

　　教育是一种期待，用榜样指引，让儿童跳得更高，走得更远，走向真善美的极至……

追　求

◇　张珠钗

> 层叠如山的材料，爆满的人群，我犹如一只疲惫的鱼，在苦苦地游啊游却游不到岸边。
>
> ——题记

不知从何时起，选调的春风也吹到了我们身上，也就是说我们这些既没有城关户口也没有房子的乡下老师也有进城的希望了。想到城里那五彩缤纷的生活、如花似画的环境、想到孩子也能接受的艺术熏陶，平静的心里就荡起了丝丝涟漪。是的，这是人生转折的一大契机，"梦里寻他千百度，蓦然回首，那人却在灯火阑珊处。"还等什么呢？我义无反顾地登上了这追逐梦的天堂。

于是这炎炎的七月就交给了考试。考什么呢？没有通知，据专家分析，课改正如火如荼地进行，《课程标准》是非考不可的。于是搬来了有关书籍——《课程标准》、《课程标准解读》、《基础课程改革学习资料》……这只是理论，跟实践怎么结合呢？杂志成了最佳选择。《素质教育博览》、《福建教育》、《小学语文教师》、《小学语文教学》……一本也不敢错过。除了考课标，身为语文老师，文学功底也应该是扎实的，先天营养不良只好后天补了。于是搬来了《古代文学史》、《当代文学史》、《外国文学史》，借来了高考复习材料；另外怎么可以把课本扔掉呢？三至六年级整整八本都准备好了。于是桌子就成了书的海洋。

人生总是从旧的驿站出发走向新的驿站的。这是一条充满艰辛的路，竟

争激烈，俗话说得好："人往高处走"，只要符合条件的都报名，人群爆满，很难用多少比多少的比例来说明；家务事繁多；饭要做，衣服要洗，孩子功课要辅导，到这时才真正体会到什么叫"争分夺秒"；更糟糕的事，记忆力严重衰退，只好花比别人两倍甚至三倍的时间……汪国真说："既然选择了远方，就应只顾风雨兼程"。每天只好陪着朝阳起床，伴着月亮入睡，随着星星畅游，肩上扛着重任——为梦想而奋斗。精彩的电视剧不敢流连，迷人的月夜不敢驻足，同学的聚会不敢参加，热气炙人的斗室就成了我唯一的"天堂"。"衣带渐宽终不悔，为伊消得人憔悴。"但梦是甜蜜的，那里有妍花的丽蝶、累累的美果……

但人生的际遇总是变幻无常的，生活中有很多东西总让你身不由己。我失败了。当看着昔日的同事春风满面的笑脸时，看着别人羡慕的眼光时，我的心被狠狠地蜇了一下，我不得不承认，自己无法无所谓。如果说第一次考试可以抱着试试看的心里的话，那么第二次就是绝对非考上不可的。一半为了寻求心理平衡，一半为了证明自己的实力。"昨夜西风凋碧树，独上高楼，望尽天涯路"。我告诫自己："你只许成功，不准失败。因为你已经不年轻了。别让机遇划成句号。"既然搭上了这趟列车，我决不想放弃。于是调整好了心态，又投入了下一年的旅程。只是报名时碰到的我的学生以及那越来越年轻的脸庞告诉我，我已经老了。于是我紧张、焦虑、期待、恐惧，无法释然，考试前睁大眼睛数星星，吃饭味同嚼蜡，进考场时头疼欲裂，迎接我的当然只有失败，一连擦了三年的"擦边球"。这"球"擦掉了我的自尊，擦得我遍体鳞伤，我感到累极了，心力交瘁，那是从骨子里透出的深深地的望，真的感觉无脸面对"江东父老"了。我明天该以怎样的姿态去面对那关心我的面庞啊？

"怎么了？这次考试又失败了？其实考试也不一定能考出一个人的真正水平。"面对校长亲切的话语，我羞愧得抬不起头来，"不要去了，这里有什么不好？我呆一辈子了还舍不得走！"我感动极了，谢谢您，校长，您让我有了足够的勇气迈入这熟悉的校园。

先生开会回来，不知是有意还是无意，用铿锵有力的声调朗诵起了教委主任的话语："既然选择了教师这个职业，你就选择了乡村；既然选择了教师这个职业，你就选择了曲折。"我吓出了一身冷汗：这三年来，我到底在追求

些什么？难道那一张张灿烂的笑脸、一叠叠满载荣誉的奖状、家长尊敬的目光、一篇篇刊登在《小学生优秀习作》上的文章不是你所追求的吗？你不是很淡泊名利吗？你什么时候把生活的重心转移到一味地与别人攀比呢？你不是从填志愿的那一刻起就立志扎根乡村吗？我羞愧极了，看来，生活，让我只能选择离开这条让我刻骨铭心的路。

谢谢那句"至理名言"，它让我走过险滩迷雾，走出一个新我。梦醒了，窗外那耀眼的红霞告诉我，挫折是一种享受，一种激励，一种赐予。无论明天结果如何，我依然高兴，因为我已得到那片属于我的云彩。

惩罚，是一则寓言

◇ 颜雪梅

一

小西小学三年级的时候，秦老师成了她们班的新班主任，教语文。三十多岁的秦老师，看上去和蔼可亲。

小西记忆中印象最深的是第一节课，秦老师笑眯眯的伫立在教室门前，亲切的眼神使整个教室的喧闹刹那间结束。

小西是班长，又是语文科代表，很快和班主任熟了。每天她把收齐的作业本码好，放在秦老师办公桌前，每次都能看到秦老师的笑容，心里有一种说不出的快乐。

秦老师几乎每个星期都会抽出时间家访。小西家离学校很近，所以每次秦老师都要去一趟。每趟她都在小西父母面前表扬小西。看着父母眉开眼笑的样子，小西心里洋溢着幸福的感觉，感觉秦老师就是天使。虽然那时的她还只有9岁，并不真正知道天使长什么样，或者世界上是不是真的有天使。

小西的学习一直很好。自从秦老师当了班主任后，她学习似乎更有劲，以不让秦老师失望作为学习的动力源。那个学期末，小西的成绩全班第一，秦老师在班上要全班同学向她学习时的那种骄傲，让她整个假期都快乐无比。

二

新学期开始时，班上转学来了一位新同学。他很调皮，总是趁老师不在时就捉弄其他同学。小西和其他几位班干部都暗地里叫他"小捣蛋"。终于有一天，秦老师把他的家长请到了学校。那天正好是"小捣蛋"值日，小西负责等他做值日。谁知"小捣蛋"回来时，得意洋洋地给小西扮鬼脸，大声说：

"你知道吗？今天秦老师在办公室里跟我妈说什么呢？她说，我比你聪明呢！"他好像还怕小西不信，"这可是秦老师说的，我比你聪明哟！""小捣蛋"像打了胜仗似的一个劲在小西面前炫耀。

小西一句话也没说。然后静静地等"小捣蛋"做完值日，锁上门，回家。

小西从很小的时候就知道自己并不是聪明的孩子，因为家里有一个很聪明可爱，讨人喜欢的妹妹。但小西仍然无法相信，在心里永远慈祥温和的秦老师会以这样的方式让她的心如同被刀割伤了一道。那天晚上，小西把自己关在房间里，静静地坐着，让泪水静静地朦胧了双眼，天使在她的世界里消失了。

小学最后的两年，小西仍然一直努力学习。但她的话开始越来越少，学习成绩也开始不再总是第一，而让她吃惊的是，她竟然开始不再那么在意名次。有的时候，她还能为成绩的退步找到一种刻骨的失落的理由："因为我不聪明。"

而教室里仍然充满了秦老师亲切的笑容，但它慢慢定格在小西的眼里变成了漠然。只在履行一名班干部的职责时，小西才和秦老师偶尔见面。在小西心里，无意识中分明有一种逃避的感觉，不愿意见到秦老师，不愿意见到"小捣蛋"。

奇迹也许是有的，"小捣蛋"的学习竟然慢慢有了很大进步，有时竟能闯进前五名。但对于小西而言，这样的奇迹如同又一把刀，不经意地在她心中又划上一道伤。有一次考试，小西成绩滑到了第10名，那次，当秦老师以温和的眼神对小西表示关注时，小西强忍着眼中的泪水，强挤出灿烂的笑容："考试时我有点不舒服，现在没事了。"

小学毕业考，小西的英语、数学成绩几乎拿了满分，而语文只考了82分。知道成绩那天，小西没有太难过，倒是深深地吁了一口气。

三

上了初中后，三年时间小西几乎没有再见到秦老师。印象中她那慈祥的面容也渐渐模糊。也许是习惯的作用，小西一直都很努力学习，学习成绩一直也不错。但在小西心中，似乎又少了一些说不清楚的东西。或许可以叫它快乐吧。但是谁在乎呢？所有的人都在乎的是成绩、名次。

有时，母亲对小西说："我买菜时碰到秦老师，她问你学习怎么样。""哦。"小西仅仅冷冷地应了一声。初中三年很快就过去了。

考上重点高中后，回家的机会会更少了。可每次回家母亲还是会提到："今天我碰到秦老师，她看上去好像老了不少，好像有白头发了。"小西一时无言。

高二那年，小学同学竟然说要聚聚，看看老师。小西不愿意去，但最后硬着头皮，还是去了。那天，全班三分之二的同学都聚到了秦老师家。不宽敞的屋里除了笑意盈盈的秦老师，还有多年不见的同学们说着毕业之后的故事，颇是热闹。而小西，静静地扮演着倾听者。那天晚上，小西的心揪了一下，因为她无意中看到了秦老师额上的皱纹，还有数不过来的白发。

四

考大学一直是小西内心强烈的愿望。因为记不清楚从什么时候起，她天真地认为考上大学才能证明自己，能把自己放在公开的场地让别人议论——那是一种奇怪的"被证明"的渴望。

高考后整整一个漫长的假期，小西把自己关在屋里，翻看着一本本泛黄的日记，那里记录着自己真实的内心，一个真实的小西，一个心中横放着一块硕大坚冰的小西。

那年小西刚18岁。只有小西自己知道，自己从心底记恨着一位老师，整整十年了。

泪水沾满日记本时，小西还是不能确定，自己是不是能原谅那位笑意盈盈的秦老师……

也许能，又也许不能。或许小西为自己制造一种错觉，正如一句流行的歌词："我闭上眼睛就是天黑。"

那年秋天，小西考上了远离家乡的一所师范大学。在大学的四年时间里，她仍然习惯性的努力学习，心中一直默默地梦想，梦想着成为一位好老师，让每个学生都在快乐的氛围里学习与成长……

五

大学毕业那年的暑假，在外省找到了一份教书工作的小西回家了一趟。

母亲似乎老了许多，发梢染霜，步履也稍显笨拙。母亲仍然很感激秦老师似的催小西去看望看望秦老师，还是那句："师恩难忘呀，如果没有秦老师，你今天也许就不是这样哟。"母亲的语气，让小西心中一惊："我过几天去。"

谁知单位临时有事，小西匆匆离家，没去看望秦老师。

当小西再回到家乡，时间已又匆匆过去了三年。那年母亲的染雪的发丝如同家乡的变化一样让小西吃惊，小西终于做出了一个决定："这次一定要去看看秦老师，告诉她我的所有的一切，包括那个曾经搁在我心里的结……"

六

用力按记忆中的那户门前的门铃，小西心中有一点激动。

开门的是一个老妇人。她看了小西好一会儿，才慢慢开口："你是……"，"我是秦老师的学生……"她如同端详一件古董似的又看了小西一会儿："秦老师，已经搬回老家了……你，是小西吗？"小西愣了一下，急忙点头。"秦老师有一封信要我交给你。她说如果有一天有一个学生来找她，就把这封信交给她。你等一会儿……"小西站立着，不知说什么好。

那是一封泛黄的信，字迹很熟悉，小西拆信的动作太快，手在稍稍发抖。

那是秦老师写给她的。

……当你看到这封信时，已经是大人了……

你还在怪老师吗？你已经原谅老师当年对你的伤害了吗？伤害虽然是无意的，我却真的知道，它是真实的。有时候，一种伤害一旦发生，便不可能去挽回，所以，我一直也在尽力把遗憾埋在心底，但我一直在希望你能原谅一位伤害过你的老师……

那次聚会，你的眼神告诉我，你还没有原谅我。但我会相信，会有这么一天的。我会期待……

你是一位很独立、很自强的孩子，老师祝福你！

泪水很快模糊了双眼，染湿了旧目的信纸。温和的天空下，好像只剩下小西，一个哽咽的人……

七

小西后来在日记本上写下了一段话：

老师有时候的无意，会制造一种惩罚。让学生天真地以一种幼稚的方式来惩罚老师。却在同时，也惩罚了自己。在彼此的心中留下了遗憾与愧疚。

如果可以，让时间回到过去，让无法结束的回忆重新发生。

只有没有擦掉的东西永远留在记忆里。只要你愿意，等待有天它会被擦掉。只要你愿意，惩罚会成为一则寓言……。

小西心中有一个愿望：成为一名好老师，为自己"赎罪"。

因为改变，让学生更加喜欢你

◇ 郑李燕

在我就读师范时，我和室友们经常谈论有关女教师的话题。至今我还记得我们谈出这样的一个结论：小学女教师最朴素、幼儿女教师最会打扮、中学女教师最爱训人、大学女教师最高傲。当时也许我们是信口开河。但如今看一看、想一想，倒觉得有些结论不无道理。小学女教师特别是乡村女教师，她们的衣着真的很朴素；幼儿园的女教师是最会打扮的，她们打扮得花枝招展；中学女教师最爱训人，她们总喜欢把不爱学习的学生叫到身边用言语感化他们；至于大学女教师，我从没接触过，对于当时评论她们高傲，也许是对她们的学历比较高而言吧。其实这些都跟她们的工作环境息息相关。而我身为小学女教师队伍中的一员，如今我切身体会到应该适当的变化，及体会变化后给我带来的惊喜。

我是一个不善于打扮的人。虽然我也留着一头长发，但我只会扎一条马尾巴。每当步行在大街上，看见五花八门的美容美发的广告，我总会有一种向往。心想：我应该改变一下自己的头发。但总是犹豫不决，怕美发后自己看自己也会觉得不自然，而我如此的打扮并不让我的学生反感，送走了一届又一届的毕业生，他们从没有一个对我的头发作过评论。也因这样连续了八年，我没有刻意去改变自己的发型。而那一天，也许是心血来潮，我竟花了半个月的工资到理发店，把长发剪短了，还做了离子烫。第二天，我一走进教室，学生们都不约而同地望着我，他们如发现新大陆般，脸上都写满了惊喜。也许从未体验过学生们的这种举动，当时我仪态显得那么不自然，只希望快点下课。下课了，当我捧着教科书往办公大楼走时，一个平日比较调皮的男生竟破例赶到我身边，轻轻地对我说："老师，今天您真漂亮。您的头发披在肩上真好看，我喜欢，其他的同学们说他们也喜欢。"说完，他笑着跑开了。每天都沉浸在批不完的作业和背不完的教案中的我，首次听到学生对我容颜的赞美和他们看到我发型改变后那种惊喜的表情。我的心异常的激动，学生的言语和表情告诉我，我发型的改变使他们更加喜欢我。而这种喜欢不同于亲人和爱人，亲人对于你的喜欢是一种关爱和呵护；爱人对你的喜欢是一种责任和义务。学生对你的喜欢将是他们学习的动力，他们由此而来喜欢你，会喜欢上你的课、会按时完成你布置的作业、会记住你谆谆的教导、会喜欢和你交谈、说心里话。想着这些，我对学生们的学习充满了信心，自己也似乎充满活力。

　　如今为了那些学生的那句话"老师，我们喜欢您头发披肩"，也为了使自己显得更年轻，我依然喜欢把我的头发自然地放下。学生的赞美声依然不断。由此我深深体会要做一个让学生喜欢的老师，你不仅要讲究课堂教学的技巧，有时还可以适当地改变自己的形象。让学生更加喜欢你，这也是我们为人师的一种魅力。

一件往事

◇ 李淑霞

夜幕降临，一家人围坐在饭桌前吃晚餐。读二年级的女儿说过些天要去县里参加讲故事比赛。突然，她话锋一转，问我："妈妈，你小时候有没有去县里参加过这种比赛？"我顿时黯然神伤。记忆如闸水，把我带回到遥远的过去。那一件伤感的往事，至今让我耿耿于怀。

那是我读小学五年级的时候，有一次，县里也要举办讲故事比赛，我参加了学校、学区的选拔赛后脱颖而出，成绩遥遥领先，轻而易举就夺得了学区第一名。所有师生都认为去县里参赛非我莫属。然而，奇怪的是，班主任语文老师对我说前两名的同学还要进行一次最后的决赛。我不明白为什么要这么做，但我深信不管怎样，我决不会退居第二，同学们也都这么说。令人意外的是，临到决赛那天，语文老师却要我不要按原先的水平去发挥，他一再强调我胡乱背一通就行了，千万别来真，要讲得越差越好。年少的我虽然一头雾水，却也不敢问老师为什么，我只知道老师让我那样做，我就那样做了。结果可想而知，我被淘汰了，随之第二名的学生——校长的女儿被选去了。

事后，同学们都问我："你为什么没去？你为什么没去呀？"是啊，我为什么没去？谁知道？也许只有老师才知道。当时的我有一种深深的失落感，我是多么渴望去那个更大的舞台展示自己呀。回到家里，我关在屋里大哭一场。从那一天开始，我心中就一直萦绕着一个问题——为什么老师要这么做？

后来长大了，渐渐懂事了，我也就明白语文老师当时的苦衷了。他不想让自己的学生和校长的女儿一起争夺参赛资格，谁愿意和校长作对呢？想明白了，心中也就不再责怪老师。其实，从开始到现在，我也从来没有恨过那

位语文老师，小时候不懂得也不敢恨，长大后懂得爱憎了，却又理解了老师的做法。如今已过而立之年，经历了人生的种种风雨，尝多了世间的百态人情，我更能体会语文老师当年的良苦用心和做人的难处。为了不得罪上级领导，他当然只能牺牲学生的利益来换取生活的宁静。更何况，在许多老师眼里，学生算得了什么？一棵草，一个不谙世事的小孩子？一群没有感情的、无足轻重的小捣蛋？

而今，同样身为人师的我，沐浴在教育改革的春风之中，在"以人为本"的教育理念之下，回想起那件往事，我情不自禁地想给自己提一个问题："假如我是当年的那位语文老师，我又会怎样处理那件事？"我想，如果要我去伤害一个学生的自尊心，让自己的学生放弃一个难得的竞争机会，那我宁愿选择在竞争前先去努力指导校长的女儿，让校长的女儿超过自己的学生。

讲这个故事，我只想对老师们说，不管你身处怎样的环境，千万不要把人性的弱点、人情关系的复杂过早地带给学生。教师的职责不仅仅在于教书育人，还应给学生创造一个洁净的空间，让他们在这个远离尘嚣的空间里健康、快乐地成长。但愿所有的孩子都比我幸运，不会无谓地成为大人们牟取私利的牺牲品。

因为爱，而感觉自己的美丽

◇ 陈碧辉

　　我是一名来自山区的小学教师，清楚记得念初中时，身为班长的我，品学兼优，是老师们的宠儿，是同学们的骄傲；清楚记得当时的梦想：考上一中，考上外语学院，当一名人人羡慕的女翻译官；清楚记得，填报志愿时，姐姐为没念完初中一脸的沉默和满肚的埋怨，病母在床上痛苦的呻吟，父亲在门槛上默默地抽了一晚的旱烟……这一切深深地刺痛着我的心。为了年迈的父母，为了贫穷的家，无奈之下，我选择了这条从教的道路，成全了父母那难言之苦的心愿。

　　心灵的创伤随着那美丽的师范生活慢慢地愈合了。老师们亲切的教诲和无微不至的关怀，使我渐渐觉得：能当一名人民教师，未尝不是一种幸福的选择。于是，我又编织着自己的梦：分配到一所好学校，幽雅的校园，现代化的设备，身边一群活泼可爱的孩子们……

　　然而，毕业后，尽管我品学兼优，还是被分配到了与尤溪相邻，交通不便、信息不灵的西半片最偏僻的一所小学，看着山腰上孤零零的学校，想着唯一步入完小孤零零的我，面对着学生家长怀疑的目光和议论，我备感凄凉，再一次面临抉择……不曾意识到，自己将与这所偏僻落后的小学结下不解之缘。

　　难以忘记，山村孩子的"野"劲。记得初上讲台的尴尬局面，为给同学们留下一个最佳的印象，我精心准备了开场白，然而，当我走进教室，严肃地喊"上课"，全班学生齐喊"老—师—好！""老师今天没洗澡"，这时"恰到好处"地插进了一个怪声怪调的声音，全班同学顿时哄堂大笑。这是五年级的一个大男生，说完了他的得意之作，还冲着我咧嘴笑呢。见大家起哄，

他更加放肆，那不阴不阳的声音喊道："我们的老师穿衣没穿裤，活像一个女特务"，倒也确实，当时天气炎热，我穿着裙子，也许在农村孩子们的眼中是件新鲜事。当时的我气得浑身发抖，但理智告诉我，童言无忌。只是清楚地记得后来那位男生向我提出"象棋决战"。小时候就是象棋冠军的我，三下五除二战胜了这位所谓学校和村里的象棋高手——"顽皮王"，他输得心服口服，全班同学也因此而对我另眼相待。从那以后，"顽皮王"深深地走进了我的世界，我们频频交手，相互切磋，研棋艺，谈棋道。后来，他在全镇小学生象棋大赛中轻松夺魁。多少心思，多少爱，当他站在领奖台上冲着我笑得最灿烂的时候，我蓦然觉得，有了爱，我才变得如此美丽！

"一方黑板，半截粉笔，方寸之间展大千世界；三尺讲台，两本教案，寒暑不易送桃李春风"。在一所只有五六位教师，且只有我一位女教师的偏僻学校里，我经历了平淡、感伤的旅程，饱尝了寂寞、清苦的羁旅滋味。忘不了，多少个夜晚，我单人住校，只有星星、月亮相伴；忘不了，初到学校，被校后的坟墓吓得整夜不敢合眼，泣不成声；忘不了，多少个电闪雷鸣、风雨交加又断电的夜晚，孤单无助、心惊肉颤；忘不了，为了失学的儿童，跋涉多少艰难的路程和苦口婆心的劝说；忘不了，因为家访，被恶狗追得跌入田间，浑身的疲惫……

"一分耕耘，一分收获"，在县小学生六项全能竞赛中，我指导的两名学生为学校赢得了团体二等奖和单项二等奖。去年统考中，我班的"两率一分"都名列前茅。成绩坚定了我乐教的信念，成绩赢得了人们对我的理解和信任，成绩令人们对这所偏僻小学刮目相看。不想说，我有多苦有多累，只想说，有希望，有追求，是人生的一种幸福与美丽。

一位女诗人说过："生命虽然短暂，鲜花虽然易谢，然而因为有了爱，我们的生命就变得非常甜美而悠长。"因为爱，我选择了教师的职业；因为爱，我战胜了多少艰辛与痛苦；因为爱，我才感觉自己如此美丽！

小建的困惑

◇ 王华耀

　　小建是我的邻居，在本村小学读三年级，也许因为我是老师，又不在本村教书的缘故，他总爱找我聊天，用他的话讲就是"想知道当老师的在想什么。"

　　上个周末回家，见小建一副心事重重的样子，于是问他怎么了。小建一脸严肃地问我："你说，人活着有什么意思？"听了这句话，吓我一大跳，一个小学生的嘴里怎么吐出这么沉重的话题。接着，小建给我讲起了他这个学期的经历：

　　开学时老师说，现在正实施"减负"，你们作业少了，回家就多看些课外书，扩大知识面。可我家哪有什么书呀，那几本作文书早看烦了。你们读小学的时候，不是有"春游"、"秋游"吗？可我们没有。我们让老师带我们去，老师说学校有规定：任何教师不得私自带领学生外出。校长也说了，取消"春游"是为我们的安全着想。我就想不通，你们小时候可以做的事情为什么我们就不能呢？

　　不去就不去呗，反正水啊山啊天天看得见，我们自己玩更有意思。一到礼拜六，我们就去钓鱼、翻螃蟹、摘草莓，可好玩啦。有一天，老师突然问我们周末都干些什么，我们全说了。第二天早会课上，老师说以后不能去了，除非是父母带你去。你说，我爸能带我去翻螃蟹吗？老师还说，河水又脏又深，草丛里还有蛇，这些不安全。我还以为老师只是说一说，没想到一次被四年级的同学看到我们在河边玩，告到老师那里。老师把我们抓到办公室里，狠狠地批评了一顿，并让我们写了一份保证书。

　　你们班上学生玩什么游戏呀？我们学校前几天流行"警察和强盗"，一下

课，操场上追来追去的，都是玩这个游戏的人。没过几天，校长在排路队时说，今后不准玩这个游戏。原因是操场上石头多，人也很多，追追打打容易撞到人和摔倒，谁要是摔伤了，学校不负责。

你说，这不可以，那也不可以，多没劲呀！不过还好，现在中午和晚上都有武打片，我们也不会到处乱跑了。中午，老师也不会嫌我们太吵了，因为学校里没人，我们都在家里看电视呢！

小建讲完后，歪着小脑袋问我："你们学校会不会这么严重啊？"我说，差不多。"真可怜，连玩的自由都没有。"小建喃喃地说。

我很是难受，不是说孩子的童年是认识世界和不断获得的过程吗？可我分明看见我们的孩子在一步步地丧失活力。我们把孩子玩的权力也剥夺了，认知世界的窗子关闭了，孩子还能得到些什么呢？

前天，我给家里打电话，恰好小建也在。他告诉我说，现在电视也不许看了。老师说，进入总复习了，不能让电视影响学习，有空就多做几道练习题。

我难过得几乎流下泪来。

老师，课堂上请慎言

◇ 陈彩霞

一天，读一年级的孩子放学回来，边放书包边说着："妈妈，老师今天可真会开玩笑！"说话的语气很不自然。我问他老师今天怎么开玩笑啦？孩子说："上语文课，老师说'等一下要把白的眼珠子挖出来，还要把施的手指头一个个地砍下来'，结果她没挖白的眼珠子，也没切施的手指头。老师这不是真会开玩笑吗？"孩子说完，脸上的神情更是极不自然。我听了，一时无言以对。过了好一会儿，我才这样引导："老师这是在吓唬那些学习不认真的同学。课堂上，那个白和施是不是没听老师的话呀？"孩子随即说道："是啊，上课老师在教生字，白眼睛没看老师手指的生字，施在做小动作。"听了孩子的回答，我心中有底了，于是因势利导："这就对了！以后上课你们都专心听老师的话，老师就不会再开这样的玩笑了。"孩子似懂非懂地点了点头。

过后我细想了一下，也难怪孩子想不明白，"挖眼珠子"、"切手指头"，就是我们成人听了也不禁毛骨悚然，更何况六七岁的稚童。"师者，人之模范也。"既为"范"，师者的一言一行都极有可能影响着孩子或被孩子模仿着。课堂上，这样的语言若是经常出现，孩子那小小的心灵还会纯真吗？

记得曾经有过这样一个故事：一个隆冬的下午，天气很冷，一位临时去代课的语文老师让学生朗读古诗。当他沉浸在学生琅琅的读书声中时，发现其中一个大个子男生却无所事事，茫然地东张西望。这位老师立刻走了下去，一次比一次严厉地喝问他怎么没有书？直到第四次，那位男生才极不情愿地弯下腰，从腿上解下书来。此时，那位老师气极了，恶狠狠地骂道："你，你……这样读书会有出息的话，我手掌心煎鱼给你吃！"学生们哄堂大笑。那位大个子男生被扭曲了的脸十分难堪。

　　事后，这位老师很快就将此事遗忘了，只是在那一年的教师节，这位老师意外地收到了一张自制的、简陋的明信片，上面写着："尊敬的老师，节日快乐！您的话永远激励着我前进。"没有落款。此后，年年教师节如此，只是明信片由自制的变成了印刷品。一直到收第十四张明信片时，这位老师读了附在明信片中的一封短信，才明白一切。此时，当年的那位大个子男生已读研究生即将毕业，要去南极考察了。他在信中说"……那次把书绑在腿上并不是为了调皮，而是当时太冷。我家穷，穿着单裤，墙脚有个小洞，冷风吹人，我被冻得实在不行了，才出此下策……"这位老师读后惭愧极了，他不禁汗颜：自己是否手掌心煎鱼吃？从此，"手掌心煎鱼吃"这句话在他的词汇中消失了。

　　古人曰："人不可貌相，海水不可斗量。"幸好故事中的那位大个子男生是一个性格坚强的学生，他选择了进取；如果是个懦弱的学生，他智慧的火花不就熄灭在老师的那一通训斥里了吗？至此，我们不得不深思：学生是学习的主人，是鲜活的生命个体，而不是一台机器，任凭你拆卸拼装；他们如同璞玉一般，成品的优劣，关键要看雕琢者的手艺。课堂上，我们应学会尊重学生的人格，宽容学生的缺点，让他们保持一颗纯真的童心，快乐成长。

　　老师，为了孩子，课堂上请慎言！

拒绝比较

◇ 郑德容

生活中，孩子常常成为大人们评头论足的对象，家长们总喜欢将自己的孩子和别人的孩子进行比较，从身高到体形，从头发的颜色、眼睛的大小到孩子的为人处事。家长们往往没有意识到他们的这种行为对孩子的发展很不利，它会削弱孩子的自信心，是对孩子的排斥和拒绝，是一种极不友好的行为。因为这种不恰当的比较，常常导致孩子的软弱顺从、力求和他人一致甚至造成极端的反叛。

我还清晰地记得自己和女儿的一次对话。那天，不知为了什么事，女儿开始对我大声嚷嚷，我很生气，便说："你怎么啦！说话这么大声，哪像个女孩子？你看看人家雨珊，说话轻声细语的，多温柔呀！好好向人家学学。"听了这话，她非但没有向别人学习的意思，反而气愤地说："她好，她乖，你当她妈妈去，为什么要当我妈？"望着女儿稚嫩的脸蛋，听着女儿不服气的话语，我愣住了。是呀，朝妈妈大声嚷嚷固然不对，但也不必要动不动要拿她的缺点和别人的优点去比啊。无谓的比较不仅无法让她心服口服，反而会伤害她的自尊心，削弱她的自信心。

其实，每个孩子在内心深处都想成为一个与众不同的人，他们最不想做的事情就是因为自己模仿别人、像某人，而得到大家的接受和认可。不管他这种模仿行为是出于自愿的还是被强迫的，他都会因此失去对自我的感觉，并且依赖别人对自己的肯定，成为一个没有自信的人。相反，如果孩子能够接受和认可自己那些不同于他人的地方，那么，他将充满自信，成为自信心强的人。

在咱们的教育工作中，我们的教育对象是一个个鲜活的生命，每个生命都是独一无二的，我们不可以用同一把尺子来衡量每一个孩子。往往在我们自认为是善意的比较衡量中，却正在悄悄地磨平孩子的棱角，扼杀孩子的自信心。

真实的同情

◇ 林高明

不知从哪一刻起，我深深敬畏着同情。敬若神明，畏如赤子。也许是从屠格涅夫开始。想起屠格涅夫，心里总弥漫着丝丝缕缕莫名的温馨。一种来自心灵的体温让我能够抵御世界的寒冷，也使我在迷茫乱俗中努力挺住被无形扭曲的脊梁。

偶尔追随着屠格涅夫的笔行走。在一次舒缓悠闲的散步中，一位头发与胡须全白的乞丐，抖着手，颤着唇，哀哀怜怜地站在树旁。秋天的黄叶飘旋着生命的叹息，落叶铺织着一层层凄美的诗意。"行行好吧！先生！先生！好心的先生，行行好吧！"如衰病的老牛虚弱的喘气，又似垂死的笼中之鸟无力地扑扇着翅膀。屠格涅夫从梦幻般的沉思中回神。眼前这位饱经风霜、衣衫褴褛的老人，骨瘦如柴的手，不停地哆嗦，眼里蓄满凄惶和潮湿的灰暗。屠格涅夫的心沉沉地收缩着，而后融化般舒张开。慌手慌脚去掏钱，手摸着上衣口袋，空空如也；掏着裤兜，空空如也——浑身上下不文一钱。老人哀哀切切地守着。然而……惶愧与不安中，屠格涅夫将温湿的手送到老人跟前："我只能送你这个！"两只手静静地握在一起，像两棵树的根脉在地下默默相连。"兄弟，这就足够了！"老泪纵横，喃喃不已。久久，久久，屠格涅夫不忍抽出自己的手。

屠格涅夫告诉我们：同情是什么？同情是对人类苦难的悲悯，是对细腻心灵的尊重；是和悲苦的心一起跳动，是和沉重的呼吸一起呼吸！

带着屠格涅夫的手的余温走在育人路上，我的心常常游弋于无边的藻海，那里蠕动着无垠的黑暗和荒凉，还有无垠的焦灼……

一个如花的校园，一群如花的孩子，阳光柔柔地栖在每个人身上。偌大

的操场上，到处是欢声笑语，到处是欢呼雀跃。年轻的体育老师正和孩子们玩"闯关"的游戏。满额晶莹透亮的汗珠闪着笑的光辉，轻捷的步伐踩踏着生命的旋律，这是一群在伊甸园里嬉戏的天堂鸟！"哎哟！"一个女孩子的尖叫声，将人们的视线拉回现实。操场边上，一个手持拐杖的乞丐，正一瘸一拐地向孩子们乞讨。"行行好吧！行行好吧！"孩子们惊鹿般四散逃开。有的眼里还流露着厌恶与鄙夷，小声嘀咕，脏兮兮的！这位乞丐也是花白胡子，脸消瘦得不成样子。他软疲疲地拖着一条坏腿，手里捏一个生锈的铁罐子，在每个人面前哀求。乞求了五六个孩子都分文未得，但他还是苦苦地乞讨着。"丁当"一声，一位男同学将刚拉开的易拉罐环扔进了乞丐手中的铁罐子里。老人的手一抖，似乎罐子就要掉下，孩子们一阵哄闹，如对乔丹进球般的欢呼！年轻的体育老师远远地大吼一声：干什么？老头子出去！孩子们如得到命令般竞相叫嚷起来：臭老头，滚！老人惊恐地拄着拐杖，一瘸一拐地离开。校门口，校长皱起眉声色俱厉将这个可怜的乞丐驱逐出境。门卫冲着乞丐的背影大声呵斥：下回再来，打断你的另一条狗腿！学校的铁门严严实实地关上了，孩子们依然在笑啊，闹啊。

　　我们常痛心地追问，同情心是怎么消失的？我们不是常说人皆有恻隐之心吗？可是，为什么同情心冰逝波隐、香消玉殒呢？学校应该是同情的海洋，居然成了冷酷的荒原！有一位哲人曾说过，一座容不得乞丐的城市是可怕的。那么，一所对乞丐没有一丝同情的学校呢？

　　其实，我们的学校似乎也充满了同情，尤其是每年开学之初的大张旗鼓的"扶贫助学"活动，足令人感动得热泪盈眶，不能自已。笔者有幸亲眼目睹这一场景。某校举行开学典礼时，某超市为贫困学生捐赠书包。在捐赠仪式中，校长请受助的学生上台领取书包，没想到孩子们完全没有想象中那副欢天喜地的情景。恰恰相反，被点名上台的学生个个羞怯地低下头，忸怩不安地上前。站在台上的孩子，有的咬着嘴角，捏着衣角，极不自然地晃动着身子。还有个别孩子，校长几次三番地点名，可他就是迟迟疑疑、犹犹豫豫不上去。最后，在老师的监视下，他才涨红了脸趔趄上前。终于将这些孩子安排好了，每个孩子领一个书包合影留念。"来，抬头，笑！"任照相的老师使出浑身解数，孩子们总似羞答答的小草不敢抬头……

　　看到这里，我不由得对这些贫困的孩子产生了真切的同情，双重的同情，

物质的贫困让他们过早地感受到生活的艰辛，金色的童年将因之而黯然失色。肤浅的所谓的同情又会给他们的明眸带来多少阴影！难怪，许多有识之士力呼：关注贫困学生的心理贫困！贫穷并不是罪恶与过错，然而，稍微不慎它会毁灭一个孩子的心理健康，并毁灭孩子的一生。同情是爱的种子。苏霍姆林斯基指出，没有同情心的人是冷酷无情、灭绝人性的，他不会爱别人，也不懂得爱自己。基督的博爱、佛家的慈悲为怀、孔子的"仁者爱人"都是不约而同地修持着、弘扬着"大悲悯、大同情"之旨。真实的同情是灵魂的哭泣、心灵的恸动，而不是大事张扬的表演。如王尔德笔下的快乐的小王子，心因深刻的悲悯而进裂。同情是对人类万物苦难的敏感，是设身处地、感同身受的心灵体验。鲁迅为苍蝇被壁虎咬住发出挣扎的吱吱声时，自己竟然无所容心于其间而自责与反省；尼采在街上遇到迎面走来的瘦骨嶙峋、疲惫不堪的老马，抱住马头，失声痛哭道，我的兄弟！也许，这些可以启示我们：真实的同情是什么？教育中应如何培育孩子的同情心？大概，我们每个人每时每刻每处都要留住这一心灵的追问！

别让批评成为我们的口头禅

◇ 徐玉烟

"批评不但解决不了任何问题，还应该为这个世界的愤怒与不信任负责。"理查德·卡尔森说的这句话是我从他著的《别为小事抓狂》一书中读到的，此话对我触动很深。扪心自问，最近自己哪天没有批评人？责怪丈夫不爱家，训斥女儿太固执，指责学生不用功，烦恼环境太压抑，抱怨同事不合作……这些都快成了我的口头禅。

静下心来认真考虑一下，那些批评是否让这个世界变得美好，答案是"根本没有"。毕竟，没人喜欢被批评。我们对批评的反应，通常是提高戒心和退缩。一个觉得受到攻击的人，可能会因恐惧或羞辱而退缩，或者恼羞成怒地发动攻击。你可曾在批评别人后还听他们说："真谢谢你指出我的缺点，我真的很感激。"

前些天，学校组织师生听"'三个代表'重要思想宣讲报告会"，一学生脚穿拖鞋，胸口敞开，红领巾不戴，衣着不整，举止散漫，被人检举，竟口出污语。恼羞成怒的我将其揪出队伍狠狠地批了一顿，并责其独立一队。被批评的他不但没有悔意还满脸不满，在沉闷的气氛中我没有好心情，该生也听不进去，白白糟蹋了时间。会后又听学生反映，他在背地里说老师的坏话，当时我很难过，我的批评并没有让其改良，反之让其产生恨意，这怪谁呢？

留意自己多么经常做这种事，做了以后又有多么的悲哀。因为责怪，丈夫说妻子爱找茬；因为训斥，女儿说妈妈让人烦；因为批评，学生说老师不和蔼；因为抱怨，同事说这人好挑剌……批评就跟口头禅一样，我们做惯了，很熟悉这种感觉。它让我们保持忙碌，有话可说。不过批评之后，你就会感

到有点泄气和失败，就好像受到攻击的人是你自己。真正的原因是，当我们批评别人时，等于向全世界和自己宣布"我需要批评别人"。承认这一点可不是件光彩的事。

好批评是一种坏习惯，跟口头禅一样，会讨人嫌，惹人厌。解决之道就是遏止批评，隐藏批评，并把批评变成宽容与尊重，别让批评成了我们的口头禅。

孔丘老师的课改汇报课

——读《论语·子路曾皙冉有公西华侍坐》有感

◇ 李日芳

事出有因

不知什么原因，每次课程改革，孔丘老师总被强制参加通识培训。上课时，不管是老教授还是年轻的专家，总要把传统教学大骂一通。孔丘老师深感惭愧，害羞，低着脑袋，脸红红的。这也难怪，谁叫他是传统教育的祖师爷呢？

"封闭，灌输，摧残身心健康！"课改专家说得口沫飞溅，传统教学被批得体无完肤。孔老师憋了一肚子气，他觉得自己上的课不见得那么腐朽，也蕴含不少的新课程理念。于是他斗胆要求培训会议的主持人，给他一个平台，像年轻人一样上一节课程改革汇报课。

孔老师上课？上新课程汇报课？不少人惊讶得眼球都快要弹出来了。

课堂实录

千年古杏，绿叶婆娑。

子路、曾皙、冉有、公西华四名学生围坐在孔老师身边。曾皙轻轻地弹着瑟，乐音轻舒。

孔老师（态度随和）：不要因为我年纪大一点，你们就不敢说话。平时，你们总是说不被人了解，假如有一天，有人要了解你们，你们会怎么做呢？可以先讨论一下。

子路（迫不及待，轻率地）：一个拥有千辆兵车的国家，内忧外患，假如我来治理，只要三年，可使人们英勇善战，而且懂得礼仪。

孔老师（微微一笑）：求，你有什么志向？

冉有：让我管理一个小国，三年时间，可使百姓丰衣足食。至于礼乐教化，只有拜托有德行的君子。

孔老师：赤啊，你怎么样？

公西华：我不敢说有什么本领，但愿意学习。在参加祭祀或者诸侯会盟的时候，穿着礼服，戴着礼帽，做个小司仪。

孔老师：点呀，你也说说吧。

曾皙（瑟声渐渐小，突然铿然一声瑟音停止，他犹豫了一下站起来）：我的志向与他们三人不一样。

孔老师（投去鼓励的目光）：那有什么关系，大胆说说吧。

曾皙：暮春三月，陪同五六位朋友，带着六七个孩子，来到沂河洗澡，在舞雩坛上感受春风吹拂，然后一路唱着歌回来。

孔老师（慨然赞叹）：我赞同点的想法。

"丁零零……"下课了，子路、冉有、公西华相继走开了。

曾皙（故意落在后头，缠着孔老师质疑问难）：请问怎么评价他们三位的观点？

孔老师：只不过说说各自的志向罢了。

曾皙：老师为什么笑子路呢？

孔老师（哂然而笑）：治国要靠礼让，他说话不谦虚，所以笑他呢。

评议会上

上完课，照例要组织老师进行评议。参加评议会的是通识培训的全体学员、孔丘老师所在学校的全体教师，课改专家也应邀参加并作精要评点。这

堂课给听课老师很大的触动，大家都没想到参加课程改革以来，孔老师的教学理念发生了翻天覆地的变化。

张老师感慨万千："孔老师创设了轻松自由的对话情景。你看古杏树下，瑟音袅袅，教师与学生围坐一处，谁说是在传道授业，分明是在促膝谈心。在这里看不见封建社会师生关系的古板与拘谨，看不见以往课堂的沉寂与郁闷，在笑声中，在音乐中，四名弟子无拘无束地谈理想，论政见，各抒己见，畅所欲言。试想这样和谐自然、民主宽松的教学情景在课改之前谁能见到？"

李老师持不同意见："孔丘老师课虽然上得好，但是上课时允许学生弹瑟，这不影响了其他同学的注意力了吗？我不敢苟同，怀疑这理念是否有点儿超前。再说，孔丘老师这是小班化教育呀，这种对话式的教学方式对我们城镇小学大班额的班级能行得通吗？"

"李老师说得不无道理，但鄙人以为实践新课程最关键的是要转变教师的理念，这堂课最大的亮点在于摆正了学生在课堂上的主体地位。"孙老师按捺不住站起来发言，"首先，把学习的时空归还学生。整堂课听不到教师的侃侃而谈，呈现的是学生倾诉、辩论、质疑的学习场面。其次，把张扬个性的权利归还学生。整节课听不到教师对学生的呵斥，甚至看不见教师对学生不同见解的修正。学生在教师善意的微笑中、鼓励的目光里展示自我，放飞灵动的思想。第三，把学习的内容回归课程的生成。教学的艺术不在传授的本领，显然，曾皙所描绘的大同世界景象是孔先生所向往，并为此而苦苦追求的，这是他这堂课的主题所在。可贵的是教师不是通过'告知'来完成教学任务，而是通过对前三人学习过程的不断肯定、激励、鼓舞而唤醒曾皙蕴藏于内心的人生志向。于是教学内容自然生成，教师仅用一句'我赞同点的想法'既褒奖了曾点，又引发其他学生的思想的火花……"

其他专家、老师也就这堂课所折射出来的新课程理念，比如教师如何巧妙进行学习评价，如何善于关注学生的质疑问难，如何转变学习方式，如何构建新课程教学模式，如何贯穿以学生为本的新课程思想等等问题发表各自的高见。

最后主持人作总结性发言，他显得有点兴奋，不由手舞足蹈起来："我与课改同成长，这不光是青年人现象。我很欣慰地看到像孔夫子这样的老教师

也与新课程同成长，要知道在他们的血液里头流淌着是顽固的传统教学思想呀。感谢课改，如一阵春风吹开传统教育封闭的大门，给传统教育带来了生机。老教师也焕发出课堂生命的活力。"

掌声经久不息，只有孔丘老师的心里不是滋味。